Refaire société

comment inventer des liens dans une France fracturée ?

Semaines sociales de France

Refaire société
comment inventer des liens dans une France fracturée ?

Actes de la 93e session
16 et 17 novembre 2019
Université Catholique de Lille

Cette 93e session des Semaines sociales de France a été pilotée par Éric Wendling et préparée par Vincent de Féligonde, Benoît Ménard, Catherine Morell, Dominique Quinio, Frédéric Rochet, Élisabeth Torck, Geoffroy de Vienne.

www.ssf-fr.org
www.la-croix.com

La réalisation de ces Actes a été assurée par Marie-Sylvie Rivière.
Ils sont enrichis par une sélection d'entretiens parus dans *La Croix*.

Plusieurs vidéos de la session sont aussi accessibles en ligne sur
www.ssf-fr.org
et sur la chaîne YouTube des Semaines sociales

ISBN 9782322202188

Ouverture

DOMINIQUE QUINIO[1]

Bonjour à tous et merci à tous d'être présents ici à Lille. Un remerciement particulier à Mgr Laurent Ulrich, archevêque de Lille, à Mgr Antoine Hérouard, évêque auxiliaire, et aux représentants du diocèse, au secrétaire général adjoint de la conférence des évêques, le P. Jean-Christophe Meyer (qui vient de prendre ses fonctions), aux responsables de la Catho de Lille qui nous accueille, Pierre Giorgini et Thérèse Lebrun, aux intervenants qui ont accepté de témoigner auprès de vous, aux membres des Antennes locales et régionales des Semaines sociales, et tout particulièrement à celle des Hauts-de-France. Merci à ceux que je connais et à ceux que je ne connais pas, aux habitués des Semaines sociales et aux autres. Et bienvenue aux jeunes étudiants de divers établissements catholiques d'Île-de-France qui viennent en éclaireurs pour préparer la rencontre que nous organisons en janvier prochain avec eux sur le même thème.

C'est toujours un honneur et une émotion que d'organiser une rencontre des Semaines sociales à Lille : ces terres, comme celles de Lyon, ont donné naissance à notre vieille association, prenant à bras le corps la « question sociale » du début du XXe siècle, réfléchissant à ce que le christianisme pouvait en dire au travers des premières encycliques sociales et élaborant des propositions pour redonner aux travailleurs, aux ouvriers, la dignité qui leur était due dans un contexte de révolution industrielle qui menaçait de les écraser.

Un siècle plus tard, il y a toujours une « question sociale », malgré les importants progrès de la protection sociale et de la solidarité obtenus au fil des ans. Mais des facteurs nouveaux sont entrés en jeu : la mondialisation de l'économie et la difficile

---

[1] Dominique Quinio est présidente des Semaines sociales de France.

régulation politique de cette économie globalisée, l'explosion numérique et, enfin, la conscience de l'urgence climatique. Autant de données qui ne peuvent être traitées isolément et qui se combinent entre elles, compliquant les réponses à apporter. En outre, l'individualisme – que l'on peut, dans une version plus positive, appeler volonté d'autonomie de la personne – a progressé dans une société devenue plurielle et multiculturelle, où chacun est tenté de se replier sur son univers proche, sa communauté.

Les modes de vie ont également changé : les réseaux traditionnels qui permettaient de créer des liens ont perdu de leur force, qu'il s'agisse de la famille, des corps intermédiaires comme les syndicats ou les partis politiques, des communautés religieuses. Ces lieux de médiation souffrent ; ils sont parfois trop ignorés des responsables politiques qui en méconnaissent la valeur et le rôle.

Cette nouvelle question sociale, nous avons voulu l'aborder avec vous durant ces journées. La France fracturée, cela ne date pas d'hier. Le fossé entre la France « d'en haut » et celle « d'en bas » (le vocabulaire, déjà, était stigmatisant), la distance entre les élites et le peuple, les gens à l'aise dans la mondialisation et ceux qu'elle inquiète, on les connaît. Les inégalités se sont installées et parfois aggravées, bien avant que n'éclate le mouvement des « gilets jaunes », ce mouvement dont en quelque sorte nous célébrons l'anniversaire, l'acte I, par nos travaux.

Le thème de cette rencontre, Refaire société, nous l'avions choisi avant ces événements mais ce qui s'est passé alors a redonné de la visibilité à cette fragmentation de notre société. Il n'y avait pas seulement rupture entre les plus pauvres et les plus riches mais se révélait la souffrance des personnes dites de la classe moyenne, des travailleurs, des retraités aux faibles revenus, des mères isolées, inquiets de connaître un jour un déclassement, de ne pouvoir vivre et consommer comme les Français plus aisés, amers de ne pas être reconnus, de ne compter pour rien, mais, surtout, inquiets pour leurs enfants.

Bien sûr, ce mouvement des « gilets jaunes » a surpris, dérangé les « experts », journalistes et politologues, agacé aussi, parce qu'il était protéiforme, qu'on ne comprenait pas toujours ses revendications, ni ses affiliations politiques (extrême droite ou extrême gauche), s'il y en avait ; puis s'est invitée la violence, insupportable. Mais on a mieux compris que les fractures étaient également territoriales, entre centres-villes et banlieues, entre les grosses métropoles (« arrogantes », ai-je entendu dans un débat à Bordeaux) et les zones rurales, désertées par les services publics. Certains parlent d'archipel français, on l'entendra tout à l'heure ; d'autres de mille-feuilles. On a vu que certains « gilets jaunes » n'avaient pas de relations avec des personnes vivant la même chose qu'eux, qu'ils n'avaient plus de lieux où se rencontrer ; sinon des ronds-points (la France n'en manque pas !) où s'expérimentait une véritable convivialité. Des lieux et des liens, c'est notre sujet. Comment relier les différents îlots de notre pays ?

Nous devons aussi travailler sur nous-mêmes : ne sommes-nous pas membres d'une certaine « élite », pas forcément financière, certes, mais culturelle, disposant des codes, de l'expérience, du savoir, de l'enracinement dont d'autres sont dépourvus. Qu'avons-nous fait de ces privilèges ?

Les Semaines sociales de France ont reformulé leur projet associatif, au terme de plusieurs mois de réflexion. Inspirés par ce renouveau, nous voulons que ces journées permettent d'enrichir le diagnostic sur l'état de notre société, par la parole des experts, certes, mais aussi par votre parole, vous qui vivez les réalités quotidiennes, sur le terrain, et qui y êtes engagés souvent. Nous voulons aussi que soit éclairé le rôle de tous ceux qui travaillent à restaurer des liens, à créer des lieux de rencontre. Car votre parole doit être entendue et écoutée. C'est l'enseignement que le mouvement des « gilets jaunes » et le Grand débat (avec leurs limites et leurs défauts) nous ont apporté. On ne peut décider « d'en haut » de l'avenir de nos sociétés, sans que chacun, à sa manière, à son niveau, participe à l'élaboration de solutions. Les associations qui travaillent auprès des plus fragiles – nous les entendrons aussi – nous l'enseignent : nous ne pouvons agir « pour » quelqu'un, sans faire « avec » lui. Ne vous étonnez donc pas d'être mis à contribution durant certains moments de notre rencontre.

Il ne faudrait pas qu'il y ait malentendu : refaire société, ce n'est pas rêver une société parfaitement uniforme et uniformisée dans laquelle tout le monde penserait la même chose. D'ailleurs, des étudiants, vendredi soir dans une rencontre à l'aumônerie de la Catho, ont contesté ce titre : pourquoi re-faire ? Sans doute est-ce un effet de l'âge de ceux qui ont choisi ce titre ! Notre société est diverse et pluraliste, c'est un fait. Il s'agit de trouver les moyens de confronter les différences, les oppositions, les convictions parfois diamétralement opposées, dans un débat serein et apaisé, où l'on accepte d'entendre les arguments de l'autre, de s'enrichir de ce dialogue. Pour travailler ensemble au bien commun. Être une école du débat, c'est une ambition des Semaines sociales, même si des actualités récentes nous montrent que, même dans des lieux comme une université, le débat n'est pas toujours possible.

Quand les Semaines sociales se sont créées, c'était pour donner de l'écho aux premières encycliques sociales. Aujourd'hui, c'est le pape François avec *Laudato si'*, bien sûr, mais aussi avec l'exhortation apostolique *Evangelii Gaudium*, qui nous mobilise. J'aimerais, comme un rappel de la vocation des Semaines sociales, y faire référence par quelques citations. La dénonciation est ferme, dans la droite ligne de ses prédécesseurs : « Non à une économie de l'exclusion », « Non à la disparité sociale qui engendre la violence », écrit-il. Et sans mâcher ses mots, il assène : « La culture du bien-être nous anesthésie et nous perdons notre calme si le marché offre quelque chose que nous n'avons pas encore acheté, tandis que toutes ces vies brisées par manque de possibilités nous semblent un simple spectacle qui ne nous trouble pas beaucoup ». Sommes-nous de ceux qui ne sont pas beaucoup troublés ?

Ildefonso Camacho Larana, jésuite espagnol, professeur de morale à Grenade, résume ainsi la pensée du pape : « La cause ultime ne réside pas dans le système économique en lui-même mais bien dans l'anthropologie qui le sous-tend : la subordination de tout, y compris de l'être humain, aux exigences du marché. Ce n'est pas le marché qui est stigmatisé, ni l'argent, mais leur absolutisation. » De même, ce n'est pas la science ou la technologie qui est stigmatisée, mais leur absolutisation, ce que le pape appelle le paradigme technocratique. Dans *Laudato si'*, le pape François introduit le facteur écologique, en liant la crise environnementale et la crise sociale : pour lui il est essentiel qu'« une vraie approche écologique se transforme toujours en une approche sociale, qui doit intégrer la justice dans les discussions sur l'environnement, pour écouter tant la clameur de la terre que la clameur des pauvres ». Ce qu'il appelle l'écologie intégrale.

Nourris de ces fortes paroles, souhaitons-nous une bonne écoute, respectueuse, des échanges vifs et fructueux et des idées à foison. Car nous ne sommes pas de ceux qui prédisent « l'effondrement », nous croyons aux forces et à l'efficacité de l'engagement commun ; nous croyons que notre société peut parler à la première personne du pluriel, dire « nous ». Nous ne nous en tiendrons pas au diagnostic partagé. Nous continuerons à travailler sur le thème ici abordé, l'année prochaine, pour élaborer, avec vous, des propositions susceptibles de redonner un élan commun à notre société. Rendez-vous pour l'envoi vers cet « Acte II » des Semaines sociales, à la fin de notre rencontre. Et belle rencontre à tous.

Les fractures sociales : des réalités et des perceptions

Jérôme Fourquet[1]

Je vais essayer d'éclairer un diagnostic sur l'état de la société française en m'appuyant sur le livre que je viens de publier qui s'appelle *L'Archipel français*, dans lequel nous faisons le constat d'un degré de fragmentation très important. L'idée n'est pas de communier collectivement dans un âge d'or révolu où la société française aurait été homogène. Il y a toujours eu des différences sociales, culturelles et régionales importantes. Mais, historiquement, dans chaque village, il y avait les rouges et les blancs, ou les blancs et les bleus, suivant les périodes et les territoires, marqueurs d'une opposition historique entre un bloc catholique, d'un côté, et un bloc républicain et laïc, de l'autre, qui a donné sa cohérence et sa consistance à la société française, depuis la Révolution française jusqu'au milieu des années 80. Ces deux matrices structurantes – matrice catholique et matrice républicaine et laïque – se sont disloquées au cours des dernières décennies à une vitesse stupéfiante, entre les années 60-70 et aujourd'hui. C'est sur les décombres de ces deux matrices que le phénomène d'archipélisation a pu ensuite se déployer. Nous allons commencer avec la matrice catholique, la plus ancienne et la plus profondément enracinée. Nous allons parler ici, à l'université catholique de Lille, de déchristianisation. Vous avez évoqué Marcel Gauchet qui avait publié en 1985 *Le désenchantement du monde* dans lequel il parlait déjà du phénomène de sortie de la religion et avait même théorisé le fait que le catholicisme serait la religion sortie de la religion. Nous arrivons 35 ans plus tard et constatons que ce processus de déchristianisation, de sortie de la religion, collectivement, est sans doute arrivé à son stade terminal. Cela peut ne pas

---

1 Jérôme Fourquet est directeur du département Opinion et Stratégies d'entreprise de l'Institut de sondage IFOP.

faire plaisir à entendre, mais nous allons nous appuyer sur des chiffres pour objectiver ce constat.

L'Ifop étant une vieille maison, nous avons retrouvé une enquête de 1961, à la veille de Vatican II, dans laquelle les enquêteurs interrogent les Français sur la fréquence à laquelle ils se rendent à la messe. À la question « Allez-vous à la messe tous les dimanches ou plus ? », 35 % des personnes interrogées ont répondu oui. À la demande de *La Croix*, nous avons réitéré ce sondage en 2012-13 pour évaluer le degré de pratique religieuse catholique. En posant exactement la même question pour pouvoir comparer les résultats, ce sont 5 % de personnes qui déclarent aller à la messe au moins une fois par semaine. Certes, les catholiques pratiquants étaient déjà minoritaires dans les années 60 avec 35 %, mais c'est une sacrée minorité de blocage et c'était majoritaire dans des pans entiers de la société avec tout un écosystème qui gravitait autour d'elle : une presse, des associations, des fondations, des intellectuels, ce qui donnait un poids substantiel à cette culture catholique. Aujourd'hui, à 5 %, les catholiques n'ont pas disparu, ils sont très actifs et présents au quotidien, mais ils ne représentent plus qu'un des îlots de l'archipel français alors qu'il y a 50 ans, ils en étaient l'un des piliers constitutifs.

Il faut aller un cran plus loin pour prendre l'ampleur de ce processus de déchristianisation et ne pas s'arrêter à l'indicateur du taux de remplissage des églises le dimanche. Il faut mesurer que l'influence culturelle du catholicisme a aussi énormément perdu de terrain. Dans mon livre, nous nous appuyons sur des sondages ainsi que sur certaines données qui peuvent paraître futiles, mais qui sont éclairantes, comme le choix des prénoms donnés aux enfants qui naissent. Le fichier de l'Insee recense 84 millions de naissances. Si l'on prend uniquement le premier prénom, le prénom Marie, par exemple, est donné à 20 % des petites filles qui naissent en France en 1900. C'est une moyenne nationale : on est à 10 % en Île-de-France alors que dans des régions catholiques comme les Vosges ou le Finistère, on atteint 50 %. Aujourd'hui, la moyenne nationale est à 0,3 %. Pour les garçons, le prénom Jean représentait 16 % en 1900 et atteint à peu près le même niveau que Marie aujourd'hui. Nous avons observé un engouement, dans les années 40-50, pour les prénoms composés à partir de Marie ou de Jean, ce qu'on peut analyser comme une étape intermédiaire dans le déclin de cette culture catholique, mode qui durera environ 15 ans.

Franchissons une troisième étape dans cette analyse de la déchristianisation de la société française, en allant plus loin que d'aller à la messe, baptiser ou non son enfant ou quel prénom lui donner. La culture judéo-chrétienne a légué à la société française une série d'axiomes qui n'étaient pas discutés, relatifs à des sujets aussi variés que le rapport au corps, la composition de la famille, la hiérarchie homme/animal. Il n'y avait aucun débat sur ces sujets, que l'on soit chrétien ou non, il y avait consensus. Concernant le rapport au corps, les morts ont été enterrés pendant des millénaires alors qu'une majorité de Français veulent aujourd'hui être incinérés. Si l'on observe une pratique combattue par l'Église, et peu répandue sous nos latitudes, celle du tatouage, 18 % de la population française est tatouée aujourd'hui – 1 % pour les plus de 65 ans, 30 % pour les moins de 35 ans – et l'on dénombre 4 000 artisans tatoueurs en France. Des choses incongrues se sont banalisées, très parlantes sur l'évolution de notre rapport au corps.

Autre axiome qui ne portait pas au débat : la hiérarchie homme/animal. L'animal a été créé par Dieu pour être au service de l'homme et, accessoirement, pour être mangé. Vous avez peut-être remarqué, aux élections européennes, la présence du Parti animaliste qui a fait 2 % des voix qu'on peut rapprocher des 2,5 % du Parti communiste. On peut aussi constater la montée en puissance des revendications d'un certain nombre d'associations sur certains secteurs économiques, celui de l'élevage, des abattoirs, la présence des animaux dans les cirques, etc. Tous ces symptômes qui peuvent paraître déconcertants doivent être considérés globalement comme des symptômes d'une sortie de ce référentiel judéo-chrétien et de l'entrée progressive de la société française dans autre chose.

Sur la question de la bioéthique, quand on interroge les Français sur la Procréation médicalement assistée (PMA), si la question est ainsi libellée « Êtes-vous favorable à un élargissement du droit à la PMA ? », la tendance est au « oui ». Si on rappelle que ce droit s'adressera aux couples de femmes et aux femmes seules, ce qui fait que leurs enfants n'auront pas de père, on obtient du 50/50. Quand on décline les résultats par tranche d'âge, deux tiers des 65 ans et plus, avec cette formulation, y sont opposés, alors que deux tiers des moins de 35 ans y sont favorables. Compte tenu de la pyramide des âges, les générations issues du baby-boom pèsent encore significativement et sont porteuses de cette vision traditionnelle de la famille, de la procréation, parce qu'elles se sont construites dans cette France d'avant où ces éléments étaient structurants. Les générations suivantes se construisent dans un référentiel qui n'a plus grand chose à voir. Nous ne prenons pas encore pleinement la mesure du basculement en train de s'opérer, à la fois au rythme du renouvellement des générations, mais aussi de la législation qui modifie les cadres de référence. Nous assistons à un basculement anthropologique.

Face à la dislocation de ce pilier catholique a répondu la dislocation d'un pilier républicain et laïc, le Parti communiste. Une contre-culture s'était créée et certains sociologues parlaient même de « l'Église rouge ». Être viré du Parti communiste dans les années 60-70 était aussi douloureux pour un communiste que d'être excommunié pour un catholique. Il perdait tout, son estime, sa famille, ses relations, sa boussole. Ce monde communiste s'est effondré. Jusqu'à la fin des années 1970, le Parti communiste faisait 20-25 % des voix, pour arriver à 2,5 % aux dernières élections européennes. En 30 ans, le score du parti a été divisé par 10. La brique élémentaire de cette contre-société communiste, c'était la « mairie rouge » dans les banlieues ou les territoires ouvriers, avec les logements sociaux, les associations de locataires, les comités de quartier, les emplois municipaux, la vente des journaux, la distribution de tracts, les colonies de vacances. Au faîte de sa puissance, le Parti communiste, dans la fameuse banlieue rouge en Île-de France, contrôlait 130 mairies contre une vingtaine aujourd'hui. À l'instar des catholiques pratiquants, les communistes n'ont pas disparu, mais ils ne sont plus également qu'un des îlots de l'archipel français.

Quand on travaillait à l'Ifop dans les années 60, c'était plus facile. Sur le fameux échantillon canonique de 1 000 personnes, on avait 350 individus qui allaient à la messe tous les dimanches et 250 communistes, en général pas les mêmes. Ce qui faisait déjà 600 individus affectés dans deux cases. Aujourd'hui, nous avons 50 catholiques pratiquants et 25 communistes, il nous reste 925 autres individus à affecter dans des cases. Cela donne l'idée de l'archipélisation.

Cette fragmentation, on peut encore une fois l'éclairer à l'aune des prénoms. De 1900 (date de création de l'Insee) à 1945, la France a fonctionné avec 2 000 prénoms différents. Par ailleurs, les historiens estiment que le stock de prénoms a été assez stable au cours du XIXe siècle. Donc, de la Révolution aux années 50, la France a fonctionné avec 2 000 prénoms, legs de Napoléon qui avait édicté une loi définissant les prénoms éligibles à l'état civil, en prenant ceux du calendrier. Dans les années 60, on dénombre environ 3 000 prénoms, 5 à 6 000 dans les années 70 et 80 et, le législateur, voyant que la demande sociale était de plus en plus forte pour une libéralisation des prénoms, finit par abroger cette vieille loi Napoléon en 1993 pour laisser aux familles liberté totale du choix des prénoms. Au dernier comptage, on dénombrait 13 000 prénoms différents. Historiquement, on donnait souvent aux enfants les prénoms des grands-parents, les inscrivant ainsi dans un héritage, une lignée. Ce qui prime aujourd'hui, c'est la distinction, la différenciation, mais pas n'importe laquelle, en choisissant un prénom qui permet de rattacher l'enfant à l'une des îles de l'archipel. Le prénom devient drapeau.

Sur ce phénomène global se sont développés trois ou quatre processus sociologiques qui ont accru la fragmentation. En haut de l'édifice social, on a assisté à une sécession des élites qui se sont progressivement éloignées du reste de la société. Notons que la démocratisation de l'accès à l'enseignement supérieur a fait passer le nombre de diplômés du supérieur de 3 % à 20-25 %. Quand on représente 20-25 % de la population, on peut vivre dans sa bulle, d'autant plus que les cadres se concentrent dans les grandes métropoles. Paris comptait 25 % de cadres et professions intellectuelles au recensement de 1982 contre 45 % au dernier recensement. C'est une moyenne municipale, car l'ouest parisien en compte 60 %. Si vous allez de la place de la Concorde jusqu'à Versailles, vous n'allez traverser que des communes dans lesquelles les cadres sont majoritaires et qui leur offrent tout ce dont ils ont besoin : écoles, bases de loisir, lieux de travail, grandes surfaces, lieux culturels. Ils peuvent y vivre en totale autonomie. Cette autarcie est d'autant plus renforcée que le service militaire a disparu. Jusqu'à la fin des années 80, les deux tiers d'une classe d'âge masculine faisait l'armée, ce qui permettait un certain brassage. Jusqu'au début des années 80, l'école privée, qui est à 90 % de sensibilité catholique, recrutait prioritairement sur une base confessionnelle. Elle scolarise aujourd'hui 15 à 20 % d'une classe d'âge et a donc élargi son public. On constate dans les grandes métropoles que le recrutement de ces écoles se fait de plus en plus sur une base sociale et de moins en moins sur une base confessionnelle, ne favorisant pas la mixité. Le dernier lieu où se produisait un brassage pour les jeunes générations était les colonies de vacances. À l'âge d'or des colos, dans les années 60, elles étaient fréquentées par 4 millions d'enfants contre 800 000 aujourd'hui. Les colonies n'ont pas disparu, elles sont pilotées par les mairies ou les conseils départementaux qui les dédient, de manière légitime, aux enfants des familles défavorisées en pratiquant des tarifs très sociaux. Les classes supérieures envoient aussi leurs enfants dans des séjours collectifs pour se perfectionner à l'anglais ou apprendre le poney, mais c'est relativement cher et on se retrouve entre gens de même milieu social. Les enfants des « gilets jaunes » dont les parents gagnent trop pour bénéficier des colonies subventionnées et pas assez pour payer le stage de poney, soit partent avec les parents, soit restent à quai pendant les vacances.

À cette sécession des élites a répondu une autonomisation culturelle et idéologique des milieux populaires qui ont arrêté de regarder vers le haut de la pyramide comme un exemple à suivre ou une source d'inspiration. Revenons-en aux prénoms. Les sociologues avaient mis en évidence un phénomène de mode et de ruissellement : en haut de la pyramide, milieux artistiques et plus cultivés choisissaient des prénoms, que les cadres reprenaient avec quelques années d'écart, puis, par percolation, les classes moyennes, les enseignants, et au bout du cycle, les ouvriers et employés. Quand le haut de la pyramide constatait avec effroi que tout le monde portait ces prénoms, on entamait un nouveau cycle. Aujourd'hui, la percolation s'arrête au mieux dans la classe moyenne et on trouve en face d'autres modes qui se sont développées dans les années 80-90 avec un fort engouement pour les prénoms anglo-saxons. Au pic de cette tendance, 13 % des garçons en 1993 vont porter un prénom anglo-saxon, dont l'emblématique Kevin, donné à 160 000 garçons entre 1989 et 1996. Cette mode a touché essentiellement les milieux populaires. Quand on fait la carte de France de ces prénoms anglo-saxons, on voit apparaître tout le nord-est et une partie du sud-est. Cette carte recoupe la carte du deuxième tour de l'élection présidentielle. Certes, corrélation n'est pas raison, mais en poussant l'analyse un peu plus loin, nous avons constaté que la variable qui fait le lien est la représentation populaire dans cet électorat. Vous remarquerez que nombre de candidats ou élus du Rassemblement national portent ce type de prénoms, comme Jordan Bardella ou Steve Briois, alors qu'on les trouve très peu dans les autres partis politiques. Il y a donc une autonomisation culturelle et idéologique très forte des catégories populaires.

Disons un mot des classes moyennes, revisitées à l'aune de la crise des « gilets jaunes ». Cette crise est pour nous un mouvement qui part du bas de la classe moyenne et qui consiste à se mobiliser contre la peur ou la réalité d'une forme de déclassement, de tomber et d'être aspiré vers le bas. Sur les ronds-points se rassemblent des gens qui travaillent, mais n'arrivent pas à joindre les deux bouts. Dans une société qui s'est désidéologisée, où la religion principale n'a plus la place qu'elle avait, la construction des identités, de sa position dans la société, se fait à l'aune de ce qu'on peut acheter, consommer, et des loisirs qu'on peut se payer. Des gens travaillent mais ne peuvent plus acheter les marques ou des produits marqueurs d'appartenance à la classe moyenne. Prenons un exemple. Au lendemain de l'acte I, le 18 novembre 2018 en Seine-et-Marne, des centaines de « gilets jaunes » se retrouvent sur les ronds-points en voiture et où vont-ils en cortège ? Ils se rendent à Eurodisney et font ouvrir les grilles après quelques heures de négociation. C'est l'aspiration à pouvoir consommer et obtenir un certain nombre de marqueurs qui font se sentir appartenir à la classe moyenne. C'est le même phénomène pour les loisirs ou les vacances. Une publicité d'Easyjet joue cyniquement là-dessus avec le slogan « Soyez du bon côté de la carte postale ! » : il y a ceux qui peuvent partir et ceux qui ne peuvent pas. Pour être un bon parent dans ce milieu, il faut pouvoir acheter des marques qui plaisent aux enfants. Cette crise des « gilets jaunes » nous dit l'éclatement de la classe moyenne. Nous sommes dans une société de consommation où l'on crée sans cesse de nouveaux besoins, de nouveaux désirs. Les aides-soignantes, les femmes de ménage, les femmes caristes, bien que travaillant, n'arrivent plus à cocher toutes les cases. Pour elles, le pacte est rompu.

Je mentionnerai un autre phénomène puissant qui s'est déployé des années 60 à aujourd'hui, celui de l'immigration qui a considérablement diversifié et rendu la société française plus hétérogène. Si nous reprenons l'exemple des prénoms, en 1960, les prénoms arabo-musulmans étaient donnés à 1 % des enfants, contre 19 % aujourd'hui. En l'espace de 50 ans, la société française a considérablement évolué, changé dans sa composition, c'est pourquoi il est de plus en plus difficile de mener une politique quand on est en responsabilité, mais aussi de faire coaguler et converger les différents îlots de l'archipel français.

DOMINIQUE COATANÉA[1]

FIL ROUGE AUTOUR DE LA PENSÉE SOCIALE CHRÉTIENNE

1 – Suite au constat des fractures sociales

Je remercie infiniment les organisateurs de ces Semaines sociales et notamment Dominique Quinio et Frédéric Rochet, avec qui j'ai préparé ces fils rouges, de nous inviter à penser un ancrage spirituel et évangélique de notre action sociale.

Je reprends la « mise en image » que nous avons entendue ce matin, l'île chrétienne au sein d'un archipel « France » composé de multiples petites îles. Dans cet ensemble fragmenté, le petit îlot des chrétiens pratiquants représente 5 % de cet archipel. Peut-être pourrions-nous faire l'hypothèse que leur vie à la suite du Christ a une influence plus profonde au sein de la société qu'ils composent avec d'autres, pour autant qu'ils témoignent d'une cohérence entre fond et forme, vis-à-vis de laquelle il faudrait peut-être s'expliquer.

Nous prenons une conscience plus vive, ces dernières années, des difficultés traversées par notre Église catholique pour incarner cette cohérence entre le fond et la forme : l'appel de notre pape François ne cesse de retentir sous mode exhortatif pour nous encourager personnellement et collectivement, à partir de notre écoute renouvelée de l'Évangile, à vivre ce processus d'autocritique.

Je voudrais avec vous, comme chrétiens, participants, avec l'ensemble de la société française de cette « archipélisation », regarder attentivement ce phénomène que nous pourrions aussi qualifier de fragmentation des solidarités. Prenons pour cet examen les repères proposés par le concile Vatican II, notamment dans sa constitution pastorale, *Gaudium et Spes* (la joie et l'espérance), au numéro 1.

Les pères conciliaires nous rappellent que l'Église du Christ est intimement – entendez le caractère charnel de cette proximité – solidaire du genre humain et de son histoire. L'Église ne peut plus se penser dans ce monde fragmenté comme en surplomb. Elle est invitée, selon les termes mêmes du pape Jean XXIII, initiateur du concile, à une conversation cordiale, c'est-à-dire qui engage tout son être, relationnel et intime, cœur, corps, âme, esprit. Entrer en conversation, de cette manière et avec cette intensité, invite à partager et à incarner la conviction que nous ne sommes pas « autres », étrangers, différents des hommes et des femmes, des frères et des sœurs qui nous sont donnés et que nous avons à accueillir. Pour entrer dans cette conversation, dans cette proximité affective, spirituelle, fraternelle, il s'agit de penser avec, de chercher avec, de souffrir avec.

---

[1] Dominique Coatanéa est théologienne.

Premier mouvement que je vous invite à méditer : entrer avec nos frères et nos sœurs dans cette capacité d'écoute mutuelle à partir d'une posture qui peut être critique, autocritique même, sur ce que nous faisons de ce que nous avons reçu. Ce premier mouvement invite à revenir toujours, au cœur même de la proclamation chrétienne, à l'écoute de la parole de Dieu, incarnée en Jésus-Christ et portée jusqu'à nous dans le même souffle de l'Esprit.

Lui, Jésus de Nazareth, le Verbe fait chair, et son incroyable capacité de dessaisissement de soi au profit de la rencontre avec quiconque, avec le tout-venant des routes de Galilée. Avec lui et à sa suite, se faire le prochain de tout homme, participer de ce monde commun qui nous porte et dont nous sommes les hôtes et les héritiers. Il s'agit de méditer la parole de Dieu, de l'écouter dans sa capacité rafraichissante à nous réorienter, à nous reconfigurer. Se tenir dans cette écoute pour apprendre de Lui à devenir hospitalier à l'altérité, hospitalier à cette terre dont le pape ne cesse de nous dire qu'elle crie en douleur d'enfantement et de ses frères et sœurs humains qui crient, notamment les plus pauvres. Contempler ce monde à la lumière de l'amour du Christ, c'est recevoir les autres dans ce mouvement d'hospitalité, d'accueil de la terre, d'accueil de soi-même, de sa fragilité, dans cet accueil de Dieu comme bonté originaire. Pour nous aider à entrer plus avant dans cette aventure, je vous propose cette loi d'amour dont nous parle l'Évangile selon saint Luc, à travers une parabole sur la dynamique du chemin, la parabole du Bon Samaritain.

La loi d'amour : le bon Samaritain (TOB) Lc 25-37

Pour mettre Jésus à l'épreuve, un docteur de la Loi lui posa cette question : « Maître, que dois-je faire pour avoir part à la vie éternelle ? » Jésus lui demanda : « Dans la Loi, qu' y a-t-il d'écrit ? Que lis-tu ? » L'autre répondit : « Tu aimeras le Seigneur ton Dieu de tout ton cœur, de toute ton âme, de toute ta force et de tout ton esprit, et ton prochain comme toi-même. » Jésus lui dit « Tu as bien répondu. Fais ainsi et tu auras la vie. »

Mais lui, voulant montrer qu'il était un homme juste, dit à Jésus : « Et qui donc est mon prochain ? » Jésus reprit : « Un homme descendait de Jérusalem à Jéricho, et il tomba sur des bandits ; ceux-ci, après l'avoir dépouillé, roué de coups, s'en allèrent en le laissant à moitié mort. Par hasard, un prêtre descendait par ce chemin ; il le vit et passa de l'autre côté. De même un lévite arriva à cet endroit ; il le vit et passa de l'autre côté. Mais un Samaritain, qui était en voyage, arriva près de lui ; il le vit et fut saisi de pitié. Il s'approcha, pansa ses plaies en y versant de l'huile et du vin ; puis il le chargea sur sa propre monture, le conduisit dans une auberge et prit soin de lui. Le lendemain, il sortit deux pièces d'argent et les donna à l'aubergiste, en lui disant :'' Prends soin de lui ; tout ce que tu auras dépensé en plus, je te le rendrai quand je repasserai.'' Lequel des trois, à ton avis, a été le prochain de l'homme qui était tombé entre les mains des bandits ? » Le docteur de la Loi répond : « Celui qui a fait preuve de bonté envers lui. » Jésus lui dit : « Va, et toi aussi, fais de même. »

J'ai choisi cette parabole et cette discussion entre Jésus et les docteurs de la loi parce que l'écoute de cette rencontre nous invite à une autocritique sur nos propres manières de poser les questions, y compris lorsque qu'à la question « Mais que lis-tu ? », la réponse est parfaite, « Tu as bien répondu ». Oui, il s'agit « d'aimer le Seigneur son Dieu de toute son âme, de toute sa force et tout son esprit et le prochain comme soi-même, tu as bien répondu, fais ainsi et tu auras la vie. »

La dynamique de la rencontre avec Jésus est une dynamique dans laquelle l'autre est toujours acteur. Dans la loi, qu'y a-t-il d'écrit ? Acteur à partir de son propre terreau. Le temps de la conversation permet une seconde question qui pousse à aller plus loin. L'évangéliste interprète la motivation du docteur de la Loi « lui, voulant montrer qu'il était un homme juste » interroge : « Qui donc est mon prochain ? ». La manière de Jésus d'entrer dans la question, le style évangélique, s'écarte de l'affirmation ou de la confrontation, du débat d'idées, pour inviter au déplacement, au « chemin à parcourir ». Regardons ensemble la nouvelle scène que déploie la parabole : un homme descendait. L'art de la rencontre, dans la conversation avec Jésus, invite à se laisser déplacer, à le suivre dans ses déplacements. Jésus ne répond pas à la question frontale « Mais qui est mon prochain ? ». En effet, la réponse à cette question pousserait à entrer dans des catégories, bien connues dans le judaïsme, du pur et de l'impur, du plus ou moins fréquentable, voire de l'infréquentable. Sortir des catégories, ne pas penser par catégories, c'est penser avec le cœur large, l'esprit ouvert et entrer dans cette nouvelle dynamique évangélique où il s'agit de se faire le prochain de quiconque. Et cela nous fait du bien de sortir de nos catégorisations, souvent hâtives. Vous repérez alors le déplacement proposé à partir des figures : lévites et prêtres sont présentés sur leur versant d'enfermement dans des catégories d'êtres figés.

Quelle est la caractéristique du Samaritain ? : il est en voyage. Que lui arrive-t-il durant ce voyage, ce déplacement physique et intérieur ? Luc nous le présente, par contraste, en capacité de ne pas se laisser enfermer dans cette catégorie du non fréquentable dont il est culturellement la figure. Sur cette terre, en chemin, le Samaritain nous montre la possibilité de se laisser toucher. Le texte biblique, écrit en grec, use ici d'un terme magnifique, *splagma*, c'est-à-dire « les entrailles » : être pris aux entrailles, recevoir un coup de poing en plein ventre. Une manière imagée de percevoir le siège des émotions au plus viscéral de notre être, de saisir le caractère physique, charnel, corporel de l'aventure humaine : des frères et des sœurs à rencontrer, y compris quand ils semblent ne plus avoir figure humaine. Car cet homme quasi-mort, roué de coups, laissé pour compte, le pape François dirait « un déchet », plus un homme, pas un sujet, est là, présent. Cette attention à la présence du plus pauvre, du plus petit, de celui qui est invisible, fait jaillir au plus profond de notre être, cette capacité fondamentale de se laisser toucher, affecter, tressaillir. C'est de cet ordre-là : un appel muet, en attente.

Devenir capable de nous déplacer et, au détour de nos chemins de vie, d'être saisis aux entrailles, de choisir de vivre cette ouverture au prochain, cette compassion pour celui qui n'a même plus visage humain, est le signe le plus éminent de notre humanité. Humanité qui est en même temps le signe le plus profond de notre chemin de sainteté. Car le chemin le plus sûr pour répondre de notre vocation à l'amour et « Aimer Dieu de tout son corps, de tout son être et le prochain comme soi-même », c'est aimer celui qui n'est pas aimable, qui est invisible. Et ce chemin est un chemin de sainteté. Entrer à la suite du Christ et comme Lui dans ce chemin de rencontre et de relation, où tout homme, quel qu'il soit, est à accueillir, aussi éloigné de nous soit-il. Aussi loin de nos convictions, de nos prises de position, accueillir l'autre en tant qu'autre.

Vous savez combien Jésus, au fil des récits évangéliques, manifeste cette transgression des interdits : « Il est allé manger chez les pécheurs et les publicains » et il refuse de reconnaître la pertinence de ces murs qui nous séparent. Il est venu abattre les murs de la haine, la séparation entre pur et impur, refuser cette fragmentation, cet isolement, pour ne cesser d'appeler à la fraternité parce que nous sommes enfants d'un même Père. Il est un guide sûr sur ce chemin de rencontres.

Écoutons en outre sa manière d'entrer dans le débat, parfois par la controverse car tout ne se vaut pas. Il s'agit alors d'apprendre à débattre à son école, de chercher à écouter jusqu'au bout, de passer par le point de vue de l'autre pour ensemble chercher les voies d'une communauté humaine respectueuse des différences et orientée vers la quête d'un bien. Un bien qui porte d'abord sur la prise de conscience renouvelée que nous appartenons à la même société humaine, à distance de la violence, dans le respect d'un cadre de droit où chacun est accueilli comme hôte bienvenu. « N'oubliez pas l'hospitalité » c'est l'injonction évangélique et biblique qui a permis à certains de recevoir des anges, des messagers de Dieu.

Je vous invite à poursuivre votre cheminement au fil de ces Semaines sociales à Lille, accompagnés de ces deux mouvements, en ce début de session :

- L'hospitalité, à la suite de Jésus, afin de se dessaisir de soi et de se laisser déplacer par l'autre qui vient, qui est là, donné.
- Apprendre à débattre de manière fraternelle à partir de nos différences, de nos désaccords, pas simplement pour le plaisir de manier des idées, mais pour s'ancrer ensemble dans le poids du réel – la maladie du frère, la mort d'un enfant, la joie des retrouvailles – dans un quotidien qui a du poids.

C'est là que Dieu nous rejoint, qu'il nous fait signe, dans la main tendue, dans la difficulté de la vie ordinaire dont nous ont parlé les acteurs de cette dynamique des « gilets jaunes », dans cette aventure où la solitude, le déclassement social, l'implacable avancée de la globalisation de nos économies nous conduisent bien trop souvent, nous dit le pape François, dans cette « culture du déchet » qu'il ne cesse de dénoncer depuis 2013.

Je vous laisse en guise de fil rouge les termes de l'exhortation apostolique *Evangelii Gaudium* n° 53 : « Avec l'exclusion est touchée, dans sa racine même, l'appartenance à la société dans laquelle on vit – on ne se situe plus dans les bas-fonds, ni dans la périphérie, ou sans pouvoir, mais on est en dehors. Les exclus ne sont pas des exploités mais des déchets, des « restes. »

Le pape nous exhorte à ne pas nous laisser emporter par cette mondialisation de l'indifférence, car elle est le signe d'une incapacité à la compassion, d'une crise anthropologique, par la négation du primat de cette sollicitude pour nos frères et nos sœurs qui crient et attendent d'être entendus, accueillis, accompagnés, cri de la terre et cri des pauvres indissolublement liés.

Des liens sociaux en mutation

Pierre Giorgini
Bernard Perret

Pierre Giorgini[1]

Marianne de Boisredon : Votre livre, à paraître en mars 2020, a pour titre *La Crise de la joie*. C'est quoi la joie pour vous et pourquoi parle-t-on de crise de la joie ?

Pierre Giorgini : *La Crise de la joie* porte en sous-titre *Et s'il suffisait d'écouter le vivant.* J'aurais pu écrire *Vive la joie chrétienne ! Et s'il suffisait d'aller à la rencontre de l'Évangile.* Mais la messe serait dite et tant de merveilleux écrits ont été publiés sur ce sujet ! J'ai adopté un point de vie plus laïc et plus épistémologique. Certains diront plus cérébral, mais je suis prudent car on a souvent tendance aujourd'hui à opposer le cérébral à l'action. Cela procède d'une sorte de mise à distance de ce qui peut être pensé comme élitiste. Cette position, poussée à l'excès, peut être dangereuse. Osons espérer que l'action viendra toujours se fonder dans la capacité à comprendre et, surtout, que nous ferons toujours attention à développer ce qui est en péril, ce que j'appelle une éthique de l'argumentation.

Avec ce titre, je prends un certain risque, car mon propos paraîtra très vite a priori comme plutôt spinoziste. On pourrait vite me faire un procès en panthéisme. Je vais revenir sur le sens de ce livre, en prenant le titre et le sous-titre, et montrer comment tout cela peut converger, en tous les cas, dans la façon de le penser.

La joie, pour moi, c'est avant tout la joie chrétienne, mais je vais laïciser le propos, car, en tant que président-recteur d'une belle université, j'ai la chance d'être au contact d'une jeunesse passionnante et je sens profondément exister cette crise de la

---

[1] Pierre Giorgini est président-recteur de l'Université Catholique de Lille.

joie. Si on définit la joie comme une aspiration primordiale de notre processus d'humanisation, la joie, ce n'est pas le plaisir, ce n'est pas l'excitation. Patrick Viveret remarque d'ailleurs que c'est le manque de joie profonde, réelle, qui conduit notre société à rechercher l'excitation consumériste permanente. C'est ce déficit d'intériorité qui nous pousse depuis plus d'un siècle à raccourcir le délai d'accomplissement du désir. On pourrait continuer de le raccourcir. Une petite fille de 13 ans me disait qu'il lui fallait 300 € car elle n'avait pas la dernière version de l'Iphone et se sentait humiliée dans la cour de récréation ! Jusqu'où va-t-on réduire le délai d'accomplissement du désir ? Or, cette économie, basée sur le raccourcissement, se fracasse sur les enjeux écologiques et ceux d'un futur souhaitable. Il va falloir changer de posture, diraient les philosophes.

Il arrive qu'un jeune me demande comment il peut discerner ici et maintenant le bien agir, c'est-à-dire le sentiment d'agir pour le bien, le bon, le juste, le beau, en sachant que ces conceptions peuvent se traduire différemment dans les cultures, les civilisations. Mais c'est une aspiration primordiale qui traverse notre processus d'humanisation. Mettons-nous à la place d'un jeune de 20-25 ans et en aura donc 50 en 2050 ou d'un grand-père qui se dit qu'en 2050 il sera ailleurs – sauf si, par des extrapolations hasardeuses de courbes qui viennent du monde d'hier, on me montre que la science me permettra de vivre 500 ans et, quand je dis que je n'ai pas envie de vivre 500 ans, on me dit que ce n'est pas grave, que ça s'appelle de la dépression, et que cela se soigne parfaitement !

Pourquoi y a-t-il crise de la joie ? Mettons-nous en réflexion : comment discerner le bien agir alors que nous sommes dans un vertige catastrophiste, fondé ou non, mais partagé dans tous nos univers ? Les collapsologues prennent des courbes, les extrapolent et en déduisent qu'elles se croisent en 2050. J'ai envie de leur demander si c'est le 30 juin ou le 1er juillet 2050... Notre marché, à nous catholiques, va croître soudainement lorsque nous allons approcher de cette échéance !

Un vertige à trois dimensions

Ce vertige a, tout d'abord, une dimension scientifique. Je suis un scientifique et j'entends des jeunes me dire qu'ils ont le sentiment que tout sera possible dans le domaine du gène, des biotechnologies, des neuro-sciences, de l'intelligence artificielle. On parle au Japon d'embryons-chimères qu'ils doivent détruire au bout de 14 jours, délai qu'on reculera jusqu'à quand ? Toutes ces questions les amènent à dire : comment réduire le possible au souhaitable ? C'est dramatique et fondamentalement nouveau.

J'ai été jeune militant de la science. Ma mère a été une des premières personnes sauvée par la streptomycine d'une tuberculose dans un rein. Mon père, immigré italien, marchand de charbon, qui n'avait que son certificat d'études mais qui lisait

Alexandre Dumas et Proust, m'affirmait que la science était le meilleur moyen de ne pas traverser les deux guerres mondiales qu'on venait de vivre. Je croyais dans la convergence entre la conception que j'avais du progrès humain et la science. J'étais conscient qu'il y avait énormément de choses possibles et qu'il fallait s'en saisir, mais je me demandais comment saisir les opportunités du possible pour construire un futur désirable ou, en tous les cas, souhaitable. On a là une mise en abîme scientifique catastrophiste. On se dit que tout ce qui est en train de nous tomber dessus sur le plan scientifique va être hors de contrôle et nous plonger dans une volonté de réduire ce possible au souhaitable. Mais qui va opérer cette réduction ? Le droit des nations, alors que ce possible les traverse ? Un droit international ?

La deuxième composante est temporelle. C'est peut-être la première fois dans l'histoire de l'humanité qu'on annonce une fin du monde ou qu'il ne restera qu'un milliard d'humains, ce qui serait une bonne chose puisque moins il y aura d'humains, plus la nature sera préservée. Mettons-nous à la place des jeunes dans cette dimension d'un discours dominant qui est tenu sur cette catastrophe à venir dans les années 2050.

Ce vertige est aussi spatial. J'étais devant un ensemble de jeunes quand je vois une jeune fille qui blanchit en regardant son Iphone, les autres se saisissent de leur smartphone et je vois se propager une forme de torpeur, c'était au moment de l'attentat en Nouvelle-Zélande. Je m'arrête et demande ce qui se passe, on me répond qu'il y a un attentat en cours, qu'il y aurait déjà 50 morts. Un autre étudiant surenchérit, on en serait à 60... je dis : « Qui dit mieux ? ». On voit que ce plongeon dans cette réalité quasiment instantanée crée aussi ce vertige.

Révolution des conceptions

Ceci vient se combiner à un deuxième phénomène qui est la révolution des conceptions. Ce matin, je questionnais le terme de fracture souvent utilisé. La question est plus globale, nous vivons une révolution épistémique, concept développé par Michel Foucault dans *Les mots et les choses* puis *Archéologie du savoir*. Nous sommes dans une transformation de nos conceptions. Ce sont nos manières de percevoir qui sont bouleversées. Pour l'expliquer, je vais prendre une histoire personnelle qu'on peut penser comme une métaphore. Au début de ma carrière, où je travaillais dans un département-réseaux, nous cherchions comment piloter un réseau d'objets éloignés. Nous avons créé une intelligence centrale grâce à un calculateur capable d'analyser ces objets en mouvement, de les cartographier. L'intelligence s'extrait du système, se concentre dans cet objet technique qu'est l'ordinateur qui va analyser, optimiser, puis distribuer, en commandant chacun des objets par des fréquences, l'optimisation, les décisions à prendre, voire les artefacts qu'il va produire par l'exercice de l'intelligence. Nous étions des milliers de chercheurs à travailler ainsi.

Et patatras, il se produit une rupture épistémique. On se met à penser des objets intelligents par eux-mêmes, c'est-à-dire non plus une intelligence exogène, mais une intelligence endogène embarquée par chacun des objets qui vont, de façon autonome, mais interdépendante, co-créer l'intelligence du système. Nous passons des conceptions exo-distributives – l'intelligence est extérieure et distribue ses résultats – à des conceptions endo-contributives – l'intelligence intègre les objets et chacun contribue à la production d'une intelligence collective. Il faudrait être aveugle pour ne pas voir que ce passage de l'exo-distributif à l'endo-contributif est dans l'organisation des systèmes techniques. Et il est partout, dans le management, dans l'effondrement des hiérarchies traditionnelles. Or, un système basé sur une intelligence répartie autonome qui s'ajuste et co-élabore l'intelligence du tout ne nous permet pas de continuer à penser les systèmes de la même façon.

La notion même de fracture ne peut pas se penser de la même façon puisqu'on quitte une société de l'horloge, une société qui avait défini des lieux – le lieu syndical, le lieu de la démocratie participative, le lieu de l'Église, les corps intermédiaires, etc. Tous ces engrenages ont construit un interfonctionnement basé sur une intelligence exo-distributive dont le but est de donner l'heure dans le cas de l'horloge. Imaginez qu'on change de conception pour passer à cette conception endo-contributive où on a une production d'intelligence et une revendication de contribution qui se répartit dans l'ensemble du système. C'est pour moi le fondement de ce qui est en train de se transformer.

Recréer des localités signifiantes

Quel rapport avec la crise de la joie ? Pourquoi les jeunes cherchent-ils à retrouver des localités signifiantes, où ils ont le sentiment qu'en discernant le bien agir ici et maintenant, ils ont une action concrète et opératoire sur la transformation de leur localité, mais branchée sur les enjeux du monde ? Car le danger, c'est le communautarisme, la relocalisation étroite, restreinte. Il faut retourner à des localités qui intègrent le sens, mais qui soient branchées sur les enjeux du monde. C'est cette réinvention que nous essayons de construire ici.

Le travail que nous menons m'amène à définir les quatre grandes conditions pour que cela se passe. Il faut d'abord que la localité soit épistémique, c'est-à-dire qu'elle crée de la connaissance dans l'expérience. Comment voulez-vous partager de l'expérience si vous ne créez pas de connaissance dans l'expérience ? Elle doit être anti-entropique, c'est-à-dire vigilante sur son impact écologique, entropique. Elle doit être basée sur l'altérité vraie, parce qu'on sait que les changements de vision du monde ne se font que dans une altérité physiquement constituée. La confusion entre la relation et la connexion est presque un drame sur lequel travailler. Enfin, elle doit être économique, au sens *oiko-nomos*, « prendre soin de la maison ». Si ces conditions sont remplies, on va éviter deux écueils : le premier est l'enfermement sur sa communauté agissante. Il faut produire de la connaissance pour permettre de partager et de se connecter aux enjeux du monde. Le deuxième écueil est qu'on voit que cette relocalisation, cette reconnexion aux enjeux du monde, avec la nature, et cette quête de joie qu'éprouvent ces étudiants dans l'action, peuvent nous amener à aplatir notre humanisation, à nous considérer à égalité de dignité avec l'ensemble des mouvements de la nature – ce qu'on voit naître dans les mouvements vegan, par exemple. Mais le risque est que cet aplatissement ne nous conduise à retourner aux fondements de notre animalité, c'est-à-dire au régime des pulsions, qu'on peut observer dans certaines communautés, un régime des pulsions de haine par exemple. Ce risque est porté par notre rapport à la puissance. Le grand problème est que l'État est aujourd'hui plus Hobbesien que Rousseauiste, il dit être sa propre limite à sa puissance, mais s'il est sa propre limite, il est sans limite.

À la question « Y a-t-il une puissance qui nous surplombe ? », je vais reboucler avec le message chrétien, « Car c'est à toi qu'appartiennent le règne, la puissance et la gloire ». Notre conception chrétienne est qu'il y a une puissance qui nous surplombe, quelque chose qui nous dépasse. Nous ne sommes pas les seuls maîtres pour définir la puissance et les limites de la puissance, par la science notamment, que nous voulons délivrer. Or, nous dit Pierre Manent, cette puissance divine, quand elle vient s'incarner, c'est dans la plus grand humilité, dans le souci du plus pauvre et dans le Christ crucifié et ressuscité. Puisse-t-on mettre des limites à la puissance scientifique avec humilité !

BERNARD PERRET[1]

En guise d'introduction, voici une citation tirée de l'encyclique *Laudato si'* : « Les réflexions théologiques ou philosophiques sur la situation de l'humanité et du monde peuvent paraître un message répétitif et abstrait si elles ne se présentent pas de nouveau à partir d'une confrontation avec le contexte actuel, en ce qu'il a "d'inédit" pour l'histoire de l'humanité.» (*Laudato si'*, 17). J'attire votre attention sur le mot inédit et ses implications. Par ce mot, le pape François souligne le fait que nous sommes confrontés à une situation sans précédent historique, une situation où il est impossible de continuer dans la même voie, que ce soit au plan économique ou au plan social.

Pour le pape, cette nouveauté réside principalement dans le resserrement des contraintes écologiques. Nous sommes confrontés pour la première fois de manière très concrète, et même brutale, aux limites physiques du monde habitable. Nous vivons ce que l'on pourrait appeler le « choc de la finitude », dont la conséquence majeure est l'accroissement rapide des interdépendances de toute nature. Très concrètement, nous ne pouvons plus ignorer que nos modes de vie, nos manières

---

[1] Bernard Perret est socio-économiste.

de consommer ou de nous déplacer ont des conséquences pour l'ensemble des humains.

Une exemple très parlant de ces interdépendances est celui des feux de forêt en Amazonie, problème qui a pris une dimension géopolitique, beaucoup de gens dans le monde ayant pris conscience du fait que les forêts tropicales sont des biens communs mondiaux, dont la préservation est vitale pour l'ensemble des humains. On pourrait bien sûr évoquer aussi les océans, les stocks de poisson, la biodiversité, la pollution par les déchets plastiques. Nous allons être de plus en plus confrontés à des problèmes dont la solution ne peut être que mondiale et coopérative, ce qui nous oblige à assumer le fait que l'humanité constitue désormais une seule et même communauté. Pour le dire avec les mots du pape, la « maison commune » de l'humanité a un besoin urgent de copropriétaires responsables. Au risque de passer pour un prophète de malheur, il faut en effet rappeler à temps et à contretemps que notre copropriété planétaire est menacée de ruine à relativement court terme.

Voici en guise d'illustration l'évolution de la concentration de l'atmosphère planétaire en gaz carbonique. Pour rappel, les experts considèrent qu'il ne faudrait pas dépasser 450 ppm pour contenir le réchauffement en dessous de 2°C.

Evolution de la concentration en carbone de l'atmosphère

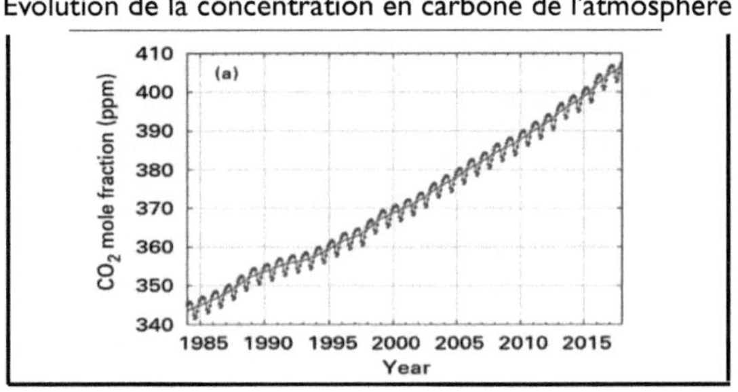

Il est à peine besoin de rappeler quelles seront les conséquences concrètes du changement climatique, tant elles sont déjà bien visibles à travers une multitude d'évolutions et d'événements plus ou moins catastrophiques (records de température, incendies en Californie et en Australie, inondations, fonte des glaciers, remontée vers le nord des vecteurs de maladies tropicales, atteintes à la biodiversité...).

L'écologique et le social

L'une des conséquences de l'accroissement des interdépendances, c'est qu'il n'est plus possible de séparer les questions sociales et les questions écologiques. Seule une humanité plus solidaire, au niveau global et au sein de chaque pays, aura la capacité de relever le défi écologique. À l'échelle planétaire, c'est ce que montre le déroulement des négociations sur le climat : il est impossible d'avancer sans confiance mutuelle ni solidarité financière entre les pays riches et les pays pauvres. Au plan national, on en a eu une illustration ces derniers mois avec la crise des « gilets jaunes ». Tous les experts s'accordent pour dire qu'il faut taxer les énergies fossiles, mais, comme on a pu le constater, c'est socialement inacceptable sans mesures sociales compensatoires. C'est une évidence, seule une société plus égalitaire pourra se mobiliser collectivement pour relever le défi climatique. C'est l'une des implications du fameux « tout est lié » qui revient comme un leitmotiv dans l'encyclique *Laudato si'*.

Un autre aspect du lien entre le social et l'écologie, c'est que l'obsolescence de notre conception du progrès économique et social complique encore la solution des problèmes sociaux. Nous sommes habitués à compter sur la croissance économique et la redistribution de la richesse monétaire pour résoudre les problèmes sociaux. Les recettes fiscales qui permettent de financer les mesures sociales sont en effet mécaniquement indexées sur la croissance. Or, nous avons de bonnes raisons de penser que celle-ci n'est plus possible : on ne constate pour l'instant aucun « découplage » entre la consommation des ressources rares et la croissance du PIB ce qui veut dire que celle-ci n'est pas durable.

Croissance comparée PIB & consommation des ressources

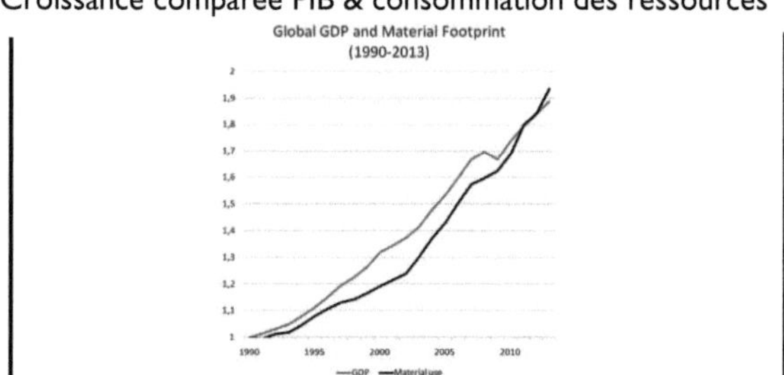

Pendant le mouvement des « gilets jaunes », on a vu fleurir le slogan : « Fins de mois et fin du monde, même combat. » Ce n'est hélas qu'un slogan. Avec nos modes de vie, c'est toute une conception essentiellement redistributive du progrès social qui est remise en cause. Nous devrions désormais avancer simultanément sur deux fronts : celui de la justice sociale et celui de l'invention de nouveaux modes de vie, moins destructeurs pour la planète.

Ceci veut notamment dire que les politiques sociales devraient s'inscrire dans une transition vers d'autres modes de vie, sous-tendus par une conception moins matérialiste du bien-être. Concrètement, cela passe notamment par des mesures visant une réduction des besoins monétaires, telles que l'augmentation de la durée de vie et de la réparabilité des biens, la limitation de la publicité, une réorganisation des services publics dont le but principal serait de permettre aux gens de mieux vivre avec moins d'argent (et notamment sans voiture, grâce aux transports collectifs et au développement des services de proximité). Cela passe aussi par le développement d'un service public collaboratif reposant davantage sur la contribution volontaire des citoyens à la production du bien-être collectif, soit individuellement, soit à travers les associations.

Plus généralement, nous avons besoin de solidarité et coopération à tous les niveaux (du planétaire au local), ce qui veut dire, d'abord, moins de violence. Cela veut dire aussi moins de concurrence, plus de délibération. Nous sommes donc face à un immense problème de gouvernance. La démocratie est à réinventer à partir de la nécessité de gérer collectivement les biens communs. La démocratie moderne s'est construite autour des questions de liberté et de sécurité : l'État a été inventé pour protéger la propriété et la liberté individuelle. Désormais, nous avons besoin d'une démocratie des communs, d'une gouvernance démocratique d'un autre type qui rende possible la gestion coopérative et efficace des biens communs.

Ceux qui ont compris que l'avenir serait dominé par la question écologique raisonnent souvent dans un schéma dualiste : d'un côté le spectre de la dictature écologique (un *big brother* planétaire), de l'autre le repli sur de petites communauté locales, supposées mieux à même d'assurer leur propre résilience sur une base entièrement coopérative. En réalité, ce ne sera ni l'un, ni l'autre, ou plutôt un peu des deux. Il faut que les gens se mobilisent au niveau local dans des schémas de gouvernance participative très décentralisés, mais nous aurons aussi besoin de gérer à l'échelle planétaire les biens communs mondiaux en s'appuyant sur de grandes institutions transnationales aux pouvoirs étendus.

Je ne vois pas comment nous pourrions imaginer l'avenir de nos sociétés autrement que sous la forme d'une trame complexe d'institutions et de dispositifs de gouvernance de différents types, à tous les niveaux et sur une grande diversité de sujets. Cela exigera un immense effort de créativité institutionnelle et une transformation profonde de la culture, dont l'un des éléments sera la culture du *care*, du « prendre soin » : prendre soin des autres et de la nature. Et cette transformation culturelle ne sera pas possible sans une révolution spirituelle. Ce n'est pas pour rien que le pape en appelle à une « conversion écologique ».

Une vision utopique ?

Bien entendu, tout cela peut sembler utopique. Il faut bien constater en effet que ce n'est pas du tout dans ce sens qu'évolue la société, et que ce n'est pas du tout dans cette direction que va le monde. Certes, il y a des signes positifs :

– mobilisation des jeunes (effet Greta Thunberg) ;

– augmentation du temps consacré à l'écologie dans les médias ;

– mobilisation croissante des chrétiens suite à l'encyclique *Laudato si'* ;
– nouvelles pratiques de consommation, notamment en matière d'alimentation, foisonnement d'initiatives et d'innovations (économie sociale et solidaire, économie collaborative, circuits courts, démocratie participative).

Mais il y a surtout beaucoup d'évolutions inquiétantes, totalement contraires à ce qu'exige la survie de l'humanité :

– dégradation des relations internationales, multiplication des foyers de crise, crise du multilatéralisme, notamment en matière écologique, avec des gouvernements ouvertement climato-sceptiques dans plusieurs pays ;
– crise mondiale de la démocratie, montée des populismes, nationalismes, fondamentalismes, des idéologies axées sur le repli sur soi et l'égoïsme national ;
– troubles sociaux et violence partout dans le monde ;
– accroissement des inégalités, aggravation de la pauvreté ;
– individualisme, consumérisme, désir de mobilité.

Plus que jamais, une économie fondée sur la marchandisation et la financiarisation à outrance (avec une accumulation des dettes financières qui, à certains égards, manifestent le même mépris de l'avenir que la dette écologique).

Un avenir qui n'est pas contenu dans le passé

Les contradictions sont trop fortes entre les tendances à l'œuvre dans le monde et ce qu'il faudrait changer pour rendre le développement durable. Il n'existe pas d'utopie ni de scénario crédible d'évolution en douceur. Des ruptures imprévisibles et potentiellement catastrophiques sont presque inévitables. Nous voyons déjà se multiplier les catastrophes, mais cela ne peut que s'aggraver. Dans certains scénarios d'élévation du niveau de la mer, des territoires où vivent actuellement plus d'un milliard de personnes deviendraient inhabitables. Mais il faut y ajouter les effets de la désertification, notamment en Afrique subsaharienne.

Je mesure bien à quel point ceci est dérangeant, et peut-être inaudible. Mais je ne crois pas qu'il serve à grand chose de jouer les autruches, de se mettre la tête dans le sable. Pour avoir une chance d'éviter les catastrophes, ou du moins de réduire leurs conséquences, il faut les croire possibles. C'est l'idée défendue par Jean-Pierre Dupuy dans son livre *Pour un catastrophisme éclairé*[1]. Il faut surtout s'y préparer, pratiquement et moralement (avec notamment une question qui me hante : saurons-nous faire preuve de solidarité quand des millions de réfugiés climatiques frapperont à notre porte ?).

Comme à la veille d'une guerre, nous ne savons pas de quoi nous sommes capables. Le philosophe Henri Bergson décrit ainsi ce qu'il éprouva en apprenant l'entrée en guerre de la France en 1914 : « Malgré mon bouleversement, et bien

---

[1] Points-Essais, 2004.

qu'une guerre, même victorieuse, m'apparût comme une catastrophe, j'éprouvais [...] un sentiment d'admiration pour la facilité avec laquelle s'était effectué le passage de l'abstrait au concret : qui aurait cru qu'une éventualité aussi formidable pût faire son entrée dans le réel avec aussi peu d'embarras ? Cette impression de simplicité dominait tout. »

Il me semble que ce qui se manifeste ainsi à l'occasion des guerres est d'une grande portée anthropologique et spirituelle : ce sont souvent les événements qui nous transforment et nous révèlent à nous-mêmes. Ce qui fait sens et change nos vies en profondeur nous est toujours révélé par des rencontres ou par des événements heureux ou malheureux que nous ne maîtrisons pas. Souligner le caractère inédit de notre situation historique, c'est aussi mettre l'accent sur le caractère radicalement imprévisible de l'évolution de nos sociétés.

Dans une telle situation, nous avons cependant besoin de principes éthiques et politiques. Je pense notamment au principe Responsabilité proposé par le philosophe Hans Jonas en 1979 : « Agis de façon que les effets de ton action soient compatibles avec la permanence d'une vie authentiquement humaine sur Terre. » En d'autres termes, nous devons désormais porter le souci non pas seulement de la survie biologique de l'humanité, mais aussi et peut-être surtout de ce qu'il y a de vraiment humain dans l'homme.

Il faut bien admettre que nous n'avons qu'une faible visibilité sur les évolutions politiques et sociales futures. On ne voit pas émerger de force politique capable de convaincre la grande masse des gens d'accepter les changements nécessaires. Encore une fois, le seul précédent auquel on puisse se référer est celui des guerres : c'est souvent dans la douleur que les sociétés se transforment. Mon maître à penser René Girard n'a cessé d'afficher, de manière parfois provocatrice, une posture apocalyptique. Il pensait que la violence inhérente aux rapports humains mettrait tôt ou tard l'humanité face à une alternative : se convertir ou disparaître.

Pour nous chrétiens, la situation historique inédite où se trouve l'humanité exige peut-être de se réapproprier l'idée d'apocalypse, non pas au sens de fin du monde, ni de séparation violente entre les bons et les méchants, mais au sens de dévoilement, révélation, « moment de vérité » et nouveau commencement.

Débat

QUESTION DES JEUNES : *Notre rapport au temps a évolué, ce changement pourrait-il avoir un impact sur ce que vous nommez la crise de la joie ?*

PIERRE GIORGINI : Tout a été basé dans le développement économique des première et deuxième révolutions industrielles, sur le délai de l'accomplissement du désir. Le temps n'est pas le délai. Ivan Illich[1] l'a montré à une époque à propos des voitures : le temps que vous passez pour les payer fait qu'au total, si vous le passiez à marcher, vous iriez aussi vite. La voiture ne vous fait pas gagner du temps, mais du délai. La joie profonde, intérieure, d'émancipation permanente de notre humanisation se fonde dans la valorisation du temps et non celle de l'excitation que produit le raccourcissement du délai d'accomplissement du désir.

QUESTION DE LA SALLE : *Monsieur Giorgini nous dit qu'aujourd'hui tout est possible. Nous savons que tout n'est pas souhaitable. Qui va définir le souhaitable dans ce monde où chacun cherche à contribuer et quel sera le rôle du politique ?*

PIERRE GIORGINI : D'un point de vue purement théorique, si on parle d'imprédictible et d'imprévisible, pourquoi associer sans cesse l'imprévisible à la catastrophe ? Je remets en cause une extrapolation qui est une représentation basée sur des effondrements. Je ne nie pas qu'il y en aura, mais je conteste l'effondrement global et conjoint. Certes les plus grands scientifiques mondiaux prédisent des effondrements, financiers, écologiques, etc. Mais cela sera-t-il obligatoirement une catastrophe ?

J'apprécie beaucoup la réponse qu'a faite Michel Serres, trois mois avant sa mort, alors qu'il était confronté à un débat avec des collapsologues : « À quoi ça sert ? » Nous avons besoin d'énergie, de jeunes qui se mobilisent. Le programme sur lequel je me suis fait élire s'appelle « Osons l'espérance ! ». Oser l'espérance, c'est oser l'imprédictible, le disruptif. Si je proclame que « nous allons vers le vivant », c'est parce que la biosphère s'est préservée pendant pas loin de 4 milliards d'années. Elle n'a quasiment jamais dépassé le seuil des 2 000 milliards de tonnes équivalent CO_2, ce qui est en gros ce que nous donne le soleil. Et l'espèce humaine, la seule à pouvoir en avoir conscience, a transgressé ce chiffre depuis 1850, puisqu'on se dirige vers 24 000 milliards. Mireille Delmas-Marty, professeur au Collège de France, pose une question : « Si l'anthropocène est la période où l'humain est devenu une force tellurique, est-ce de l'utopie ou du rêve que cette force tellurique se concentre sur la réparation et non sur la poursuite de la destruction ? »

QUESTION DES JEUNES : *Mr Perret, pouvez-vous développer certaines solutions pour réduire l'aspect monétaire ?*

QUESTION DE LA SALLE : *Concernant la démocratie du commun, quels sont les acteurs concernés et comment œuvrer pour accroître et concevoir cette démocratie ?*

BERNARD PERRET : Cette question du non-monétaire est fondamentale. La notion de PIB est remise en question. La suppression du PIB, c'est bien, mais comment conçoit-on le progrès social autrement qu'en redistribuant des sommes d'argent ? La question qu'on ne s'est jamais posée, c'est comment serait-il possible de vivre

---

[1] Ivan Ilich (1926-2002) est un penseur de l'écologie politique et une figure importante de la critique de la société industrielle.

mieux sans gagner plus ? Cela passe par des sujets comme la durée de vie des produits. On sait fabriquer des produits qui durent longtemps, qui sont réparables, dont on peut échanger les pièces détachées. C'est l'un des axes majeurs d'un progrès social durable que de rendre possible une vie moins monétarisée.

Cela passe aussi par l'aménagement de l'espace, les services collectifs, la limitation de la publicité et un changement culturel qui fasse qu'on prenne davantage de plaisir à des activités de loisirs collectifs. Tout cela est lié à la notion de démocratie du commun qui s'exercera le jour où nous serons tous directement impliqués dans la gestion des biens communs, des espaces naturels, dans la création de systèmes locaux de fourniture d'énergie durable et donc d'économie d'énergie à une échelle locale, etc.

Pour reprendre la métaphore de la copropriété, il faut étendre la logique de la copropriété responsable à d'autres réalités. Une copropriété qui fonctionne est une copropriété où les gens se sentent solidaires les uns des autres, où il n'y a pas trop de conflits. Plus il y a de convivialité dans une copropriété, mieux la copropriété est gérée.

QUESTION DES JEUNES : *Il se pose un problème de bien commun sur la façon de gérer le risque climatique. Comment conjuguer cette tendance à la décentralisation, à l'endo-distribution, et cette tendance mondiale ?*

PIERRE GIORGINI : Que signifie une régulation centrale ? Comment le vivant s'est-il organisé pour construire ce miracle de la préservation de la biosphère ? Il n'y a pas quelqu'un là-haut pour calculer tous les enjeux. Le système né de cette évolution et de cette force de conservation qui s'est opposée aux forces d'altération, c'est ce que Bernard Perret a décrit en évoquant des localités intriquées à tous les niveaux. Notons qu'il y a toutes sortes de localités ; l'humanité, par exemple, est une localité. La biosphère, pour se préserver, s'est organisée en intriquant des localités à différents niveaux, qui sont toutes tournées vers une optimisation locale de leur entropie (c'est-à-dire le vieillissement et l'usure). Tout en travaillant sur l'optimisation de leur équation entropique, elles ont une vision holoptique[1] qui consiste à être en même temps dans la préservation du tout.

En termes de gigantisme international, on a Google, qui est une incroyable force de régulation, ou Facebook, Apple, etc. Mais quand Google se demande comment sortir de cette équation, ils ne peuvent que se suicider en tant qu'entreprise, puisque leur modèle économique est basé sur la mise en aliénation de l'ensemble du réseau qu'ils animent. C'est consubstantiel à leur nature. Et quand on parle de solutions globales, dans le vivant, elles ne sont pas forcément organisées telles qu'on les pense.

---

1 Un système holoptique est un système tel que les membres de ce sytème sont tous capables de voir l'ensemble.

Revenons sur la financiarisation. Le marché, c'est l'ensemble des échanges d'une communauté. La monnaie est un bien commun, elle a été inventée pour objectiver les échanges pour lutter contre les passagers clandestins. La monnaie n'est pas mauvaise en soi, mais c'est la financiarisation globale du monde qui se retourne contre nous. Pour Paul Jorion, nous sommes entrés dans la confusion entre le prix et la valeur, alors que le prix n'est qu'une mathématisation réductionniste du marché. Il faut inverser cela.

Elie Cohen disait récemment dans un débat télévisé que les enjeux écologiques étaient difficilement compatibles avec les enjeux du pouvoir d'achat. Mais s'il y a une évolution disruptive du « désir d'achat », que sera le pouvoir d'achat ? On a vu dans l'histoire des transformations radicales disruptives du désir d'achat. Je dis aux jeunes : bougeons le désir d'achat !

Bernard Perret : Sur la question de l'engagement, il faut dire deux choses quand on parle d'écologie. L'engagement politique est nécessaire et important, et en même temps, il faut être prophétique, se préparer spirituellement et moralement à des choses qui nous emmèneront plus loin que ce que l'on est prêt à faire actuellement.

2 – Après l'écoute des réalités sociales

Il m'a été demandé de regarder avec vous quelles sont les ressources de la Pensée sociale chrétienne pour « Faire Société » car le lien entre vie spirituelle et engagement social est au cœur de notre vocation de disciple missionnaire. Quelles ressources pouvons-nous déployer avec d'autres pour apporter notre contribution afin d'engager nos sociétés à tenir à distance la fragmentation et l'isolement ? Les diagnostics étayés de ce matin nous ont permis de mesurer les défis à relever : « archipélisation » selon Jérôme Fourquet, perte de la joie selon Pierre Giorgini, voire de l'espérance de pouvoir construire avec de nouveaux repères. Bernard Perret invitait à promouvoir cette capacité collective à tenir ensemble à partir d'un diagnostic réaliste. Il s'agirait alors de changer notre perception au sein même de bouleversements et de changements dont nous ne maîtrisons pas bien les contours. Mais avons-nous suffisamment de confiance mutuelle pour désirer tenir ensemble ? Faisons-nous suffisamment fond sur la capacité relationnelle de nos vies qui, en cherchant ensemble les chemins, sont capables de rentrer dans des mouvements disruptifs ? Changements et ruptures ne sont pas forcément de mauvaises nouvelles.

La pensée sociale construite depuis la fin du XIXe siècle – son acte de naissance date de l'encyclique *Rerum Novarum* (1891) du pape Léon XIII – compose une colonne vertébrale pour l'analyse des situations complexes. Le XIXe siècle est caractérisé par les bouleversements issus de l'industrialisation, notamment l'extrême difficulté de vies laborieuses où femmes et hommes quittant un milieu rural, se retrouvent dans des concentrations urbaines industrielles précaires. Cette terre du Nord fut le témoin d'efforts significatifs pour prendre la mesure de cette « misère » ouvrière, notamment à travers l'effort de patrons[1] qui ont cherché à ce que la vie dans des lieux de production ne soit pas déshumanisante, mais portée par du collectif, du commun. L'enjeu pour les papes qui ont pris la parole depuis cette époque est d'ajuster leur « magistère social » à ces réalités mouvantes de la vie des femmes et hommes de ce temps. Le concile Vatican II nommera ce mouvement de relecture critique de la réalité à la lumière de l'Évangile de « lecture des signes des temps ». Il invite les chrétiens à discerner les tensions entre justice et charité et à s'engager avec d'autres pour réformer les modalités injustes de la vie commune car « les biens de la création doivent équitablement affluer entre les mains de tous, selon la règle de la justice inséparable de la charité»[2]. La condition ouvrière au XIXe fut un chemin de paupérisation des populations. Quitter des solidarités villageoises pour se retrouver dans des espaces urbains déshumanisés aggrava la misère

---

[1] Par exemple, Léon Harmel.

[2] Concile Vatican II – Constitution pastorale *Gaudium et Spes* n° 69.

sociale. À chaque époque, les papes ont pu ressaisir par des textes « encycliques » le fruit des expérimentations et des engagements de terrain. De *Rerum novarum* en passant par *Populorum Progressio*, texte de 1967 qui permet au pape Paul VI de reprendre la question de la colonisation et de la globalisation des économies, jusqu'à *Laudato si'* au début de ce XXIe siècle, l'enjeu est de regarder avec lucidité ce qui se passe dans la maison commune. Examiner avec attention, non pour désespérer du travail commun, mais pour reprendre cette colonne vertébrale et la reformuler de façon à ce qu'elle soit plus ajustée aux enjeux du temps. La dynamique de la pensée sociale est construite sur ce que vous connaissez bien, la dynamique d'une triade : voir, juger, agir. Comprendre le contexte, être éclairé sur les situations problématiques de la situation contemporaine, afin de pouvoir engager une action à la hauteur des enjeux actuels. Pour le pape François, le défi est clair : il s'agit de porter à la pleine conscience chrétienne la nécessité d'assumer les difficultés d'ajustement entre questions sociales et questions environnementales.

Ce diagnostic informé par les sciences sociales, mais aussi fondamentales, est ainsi partagé avec tous. Il peut alors, dans un second temps, se laisser questionner à la lumière de la parole de Dieu, du travail d'interpellation à temps et à contretemps des prophètes de l'Ancien et du Nouveau Testament qui ne cessent de nous appeler à la justice et à la répartition des biens. La pensée sociale nous invite à discerner, à peser ce qui est bon, à garder ce qui construit des solidarités actives et à mettre à distance ce qui dénature le lien social. Ce mouvement de « pesée » invite à reconnaître ce qui a du poids, ce qui construit du commun, ce qui est source de solidarités. Et inversement à reconnaître ce qui en détourne et qui défait la vie relationnelle. Il n'est pas seulement question d'entrer courageusement dans ces constats critiques, mais plus encore de reconnaître la part de connivence qui anime chaque acteur et le détourne de l'action concrète sur le terrain avec d'autres. Cet examen vise l'action juste orientée par la charité, comme vocation humaine. Il fait entrer dans un mouvement dynamique afin de réajuster les responsabilités portées par chacun, qu'il soit chef d'entreprise, responsable administratif, recteur d'université, mère de famille, etc. La triade dynamique « voir-juger-agir » nous permet de prendre conscience de notre responsabilité personnelle et collective pour construire des chemins où la dignité de la personne humaine, la vision d'un bien qu'il nous faut chercher en commun, permet de réanimer la nécessité de cette répartition plus juste des richesses que la pensée sociale nomme « la destination universelle des biens ». Le droit de propriété est certes nécessaire pour sécuriser les parcours de vie, mais il n'est pas un droit absolu.

L'enjeu est de travailler à cette dynamique de responsabilité sociale, sociétale et environnementale au sein d'une société dans laquelle l'accord sur les valeurs communes n'est plus tout à fait assuré. Il nous appartient cependant de continuer à proposer un socle de rencontres animé par le souci de cohérence et de mise en œuvre des cinq éléments structurants de notre pensée sociale que sont la dignité de la personne humaine, la visée du bien commun, la destination universelle du bien, la solidarité et la subsidiarité. De sorte que chacun, là où il est, puisse assumer les responsabilités qui accompagnent son domaine d'expertise et de compétence, aussi petit soit-il.

La dynamique de la pensée sociale part des situations de vie pour accompagner le diagnostic. Toutes les situations que nous avons vues vous ont aidés à clarifier ce diagnostic. Une des priorités bien mise en évidence depuis *Populorum progressio*, et peut-être le cœur vibrant de la pensée sociale chrétienne, est l'option préférentielle pour les plus pauvres. Au sein de la maison Marthe et Marie, la responsable nous témoignait hier soir de ce constat si simple et souvent oublié : lorsque l'équipe propose des dispositifs au sein desquels les plus vulnérables trouvent leur place, alors nous sommes certains qu'ils conviennent à tous.

Un des points d'attention se révèle : penser avec et à partir des situations qui risquent d'être des situations d'exclusion, toujours à partir des plus vulnérables et des plus fragiles. En agissant ainsi nous entrons un peu plus dans cet appel à la cohérence qui est le signe du style évangélique. Cette manière de partir du plus vulnérable, comme dans la parabole du Bon Samaritain, invite toujours, où que nous soyons, à entendre l'appel « Va et fais de même », c'est-à-dire adopte le regard de Dieu sur cet être créé comme toi. Un regard de miséricorde qui aide à être avec l'autre, qui ne fait pas à la place de l'autre, mais qui, de manière inconditionnelle, lui assure, ne serait-ce que par notre présence, qu'il, elle, a sa place dans la société à construire. Dans ce style de réciprocité vécue, nous faisons l'expérience que la dignité de la personne humaine est inconditionnelle et sacrée, qu'elle est notre socle républicain et que, dès lors, nous pouvons en partager la conviction avec tous. La dynamique qui permet de « Faire Société » commence par cet accompagnement des situations. Elle se déploie dans le discernement : discerner les lignes de fracture, les lieux qui créent de la rencontre et les lieux qui ne permettent pas l'échange, mais aussi les temps favorables. Les chercheurs en sociologie travaillent sur un concept qu'ils qualifient de « rapidaction ». Le temps semble se faire beaucoup plus court et nous échapper sans cesse. Est-ce que prendre du temps, laisser le temps nécessaire aux plus démunis pour apporter leur pierre à l'édifice, n'est pas une manière toute simple de réapproprier le temps long de la présence vivifiante ? Ces modes d'approche se réappropriant l'espace et le temps de la rencontre permettent de percevoir les tensions et d'ouvrir des chemins de transformation. Vous saisissez combien discerner, c'est discerner les chemins de la solidarité concrète, effective, pour construire un bien qui est d'abord celui du « nous tous », selon les termes du pape Benoît XVI dans son encyclique *Caritas in Veritate*. Il souligne ainsi que la visée du bien commun comme choix politique et social s'ancre dans cette conviction que personne ne doit être exclu de la construction commune. L'enjeu du bien est d'être celui du « nous tous » et, de manière éminente, le bien de vivre dans une société inclusive.

Le geste magistral du pape François dans l'encyclique *Laudato si'* est pour une part la reprise d'un discernement déjà à l'œuvre depuis le pape Jean-Paul II, fort attentif dans ses différentes encycliques au critère environnemental de notre responsabilité. Il s'agit de co-construire une société dans laquelle « cri de la terre et cri des pauvres » ne soient pas dissociés, mais profondément unifiés dans une compréhension des fragilités et des chemins pour les surmonter. Fragilité des jeunes sans travail, des personnes en situation de handicap, des frontières linguistiques, sociales, etc. L'enjeu de ce discernement affiné des situations est d'être une recherche commune des chemins d'inclusion.

Le troisième et dernier point sur lequel je souhaite attirer votre attention est l'insistance sur la dynamique qui anime le triptyque voir/juger/agir. Triptyque que l'on peut aussi traduire par accompagner, discerner et intégrer les acteurs, à partir des marges, en écoutant ceux qui se sentent sans voix. C'est la démarche du texte d'*Amoris Lætitia*, issu du synode sur la famille. Dans ce texte, le pape François nous alerte sur les situations de vie dites « irrégulières » qui doivent être accompagnées, parce qu'aucun personne, avec sa vie cabossée, ne doit être exclue du commun de la vie paroissiale, sociale, politique et économique. Là repose le cœur de son appel à la créativité évangélique car personne n'est trop abimé, trop faible, trop petit pour ne pas être invité à partager la table commune, ne serait-ce que pour être présent. Le pape nous invite à faire de la pensée sociale une école d'apprentissage de cette hospitalité du Christ, une école d'expérimentation.

Prendre le temps de l'expérimentation, disions-nous, à partir de quatre mouvements. Dans *Evangelii Gaudium*[1], le pape François nous propose, pour construire du commun, la figure d'un peuple qui marche vers cette responsabilité sociale de manière inclusive. Il nous donne quatre repères. Le premier est celui des processus : il ne s'agit pas de gérer des espaces de pouvoir, mais d'engager des processus de changement, car « le temps est supérieur à l'espace ». Cette tension invite à sortir de nos zones de confort, à croire que soulever des montagnes est possible.

Un des types d'expérimentation présentée ce matin, comme « Territoire zéro chômeur de longue durée », pourrait représenter une manière d'expérimenter cette dynamique. Quitter les espaces organisés de la protection sociale et inventer ensemble un processus pour sortir du chômage de longue durée à travers la mise en œuvre d'entreprises à but d'emploi (EBE). Après la maturation des expérimentations, le projet expérimenté devient une occasion d'essaimage.

Deuxième tension : « La réalité est plus importante que l'idée. » La réalité qui construit, non la projection d'un imaginaire, nous implique. L'expérimentation

---

[1] *Evangelii Gaudium* n° 221-237. « Le temps est supérieur à l'espace. L'unité prévaut sur le conflit. La réalité est plus importante que l'idée. Le tout est supérieur à la partie. »

permet aux idées de trouver forme et vigueur, voire d'être réévaluées par la mise en œuvre. Le « Campus de la transition » est une expérimentation, présentée aussi ce matin, qui invente une autre manière de former les leaders de la transition écologique, à Forges, en région parisienne. Cette dynamique porte la création d'un éco-lieu dans lequel viendront se former des cadres, des jeunes diplômés, des acteurs qui seront des leviers de ce changement. Retenons l'expérience toute simple du temps appelé « rituel météo ». Tous les matins, pour faire communauté, pour construire ensemble à partir de nos différences, tout le monde se rassemble et prend le temps de dire quelle est sa « météo intérieure » et ose la partager avec les autres, avant de se lancer dans la journée, permaculture, travail sur une formation, etc. La réalité de cette communauté de vie s'expérimente en distance avec l'idée que nous en avions et s'ancre dans la vie concrète en faisant communauté « matinale ».

Troisième proposition du pape : l'unité prévaut sur le conflit. Son interprétation est intéressante. Il ne s'agit pas de rêver un idéal de vie sans conflits car nous sommes d'abord divers, mais plutôt d'assumer les conflits qui surgissent, de les poser devant nous, de les laisser nous travailler collectivement et personnellement afin de pouvoir les dépasser ensemble. Cette méthode fut choisie pour conduire les travaux durant le synode sur la famille. Un processus de communion se cherche ainsi qui est en mesure d'accueillir et d'écouter les conflits d'interprétation.

Quatrième proposition : le tout est toujours supérieur à la partie. Il s'agit de veiller à prêter toujours attention dans les réalisations locales à la dimension globale des enjeux. Le local nous met les pieds dans la glaise, nous tient debout, mais nous sommes portés par un horizon visé en commun : construire un bien qui sera la capacité pour chacun d'être inclus sur fond de dignité inaliénable, telle que réaffirmée notamment par la déclaration universelle des droits de l'homme.

Je termine en vous invitant à reprendre l'image du polyèdre que le pape nous offre pour animer la triade accompagner-discerner-inclure. Il souligne l'intérêt de cette figue géométrique. À la différence de la sphère, le polyèdre permet d'intégrer la diversité des sommets dans l'unité de leur relation diversifiée avec le centre du polyèdre. Cette figure permet de réfléchir la lumière de façon beaucoup plus vive par la multiplicité de ses arêtes. Elle est présentée dans l'exhortation apostolique *Evangelii Gaudium* (n°236), comme image de l'altérité, de la diversité qui donne résonance et ampleur à la construction d'un peuple dans la paix.

Les tables inspirantes du lien social

Les participants étaient invités à écouter divers témoignages pour se laisser inspirer et réfléchir ensemble à des pistes d'actions nouvelles. Plusieurs intervenants ont confié aux Actes de la session leur texte de présentation et leur témoignage.

De l'inclusion au développement des compétences, de l'expression personnelle à la décision collective : un regard sur un groupe de travail de l'Accorderie de Lille

L'Accorderie est une association qui propose un système d'échange de services entre habitants, destiné à renforcer le lien social à une échelle locale et qui répond à des problématiques sociétales telles que l'isolement des personnes et la nécessité de développer le pouvoir d'agir de chacun. Le développement du pouvoir d'agir passe par des actions qui favorisent l'implication d'une personne dans une activité et l'acquisition ou la réappropriation par celle-ci de compétences. Les échanges sont basés sur une « monnaie-temps » créditée sur le « compte-temps » de la personne qui rend service en fonction de la durée d'un service rendu à une personne ; laquelle, de fait, aura son compte débité suite à l'échange. Les « accordeur-e-s » peuvent pratiquer trois types d'échanges : individuels (un-e accordeur-e rend service à un-e ou plusieurs accordeur-e-s) ; collectifs (d'intérêt général) ; associatifs (un-e accordeur-e participe au fonctionnement de l'association).

Ce témoignage présenté au cours des Semaines sociales de France s'appuie sur des temps de rencontres faites au cours d'une suite d'échanges associatifs. Ceux-ci sont réalisés dans le cadre d'un groupe de travail réunissant quelques dizaines d'accordeur-e-s et destiné à la recherche d'un nouveau salarié pour assurer les fonctions de coordination de L'Accorderie de Lille. Ce groupe s'est réuni à une dizaine de reprises sur une période de cinq mois pour régler les nombreuses questions liées à l'embauche (rupture conventionnelle, lecture des candidatures, communication, entretiens, vote décisionnel).

Le caractère collectif de cette démarche est un premier point à en retenir car il met en évidence la rencontre et la découverte d'un lieu, d'un groupe d'acteurs, la diversité des fonctionnements et de la pensée collective. Malgré le formalisme qu'imposent les démarches relatives aux « richesses humaines » (RH), la qualité des débats et les qualités d'écoute ont été particulièrement remarquables et c'est encore le professionnalisme qui a pu transparaître à travers les différents temps de ce travail : un professionnalisme qu'il est nécessaire de valoriser tant l'expérience associative peut représenter une alternative pour le développement de compétences que l'on penserait exclusivement l'apanage du monde professionnel. Plus globalement, c'est ici un exemple significatif de l'aspect qualitatif que peuvent revêtir l'engagement associatif et la participation citoyenne : exemple que l'on met ici sciemment en rapport avec les exigences quantitatives qui régulent le monde du travail.

Dans le cadre de cette « recherche du nouveau salarié », nous retiendrons encore l'intervention d'une accordeure qui, au cours du premier visionnage en séance ouverte des candidatures, et face à la nécessité d'établir une « grille d'évaluation » afin de départager les candidats, a pris la décision de quitter le groupe parce qu'elle se sentait de plus en plus impliquée dans un jugement des personnes. Les interprétations de cette intervention peuvent être multiples, mais il semble opportun d'insister sur l'urgence qu'elle met en évidence et qui est, certes, d'abord personnelle. Mais peut-être faut-il aussi la considérer au niveau du groupe et plus certainement au niveau d'une société dans laquelle le temps du jugement paraît supplanter celui de la bienveillance et de la mise en valeur des personnes. Il y a là aussi l'expression d'un souci éthique dont doivent être garantes les structures de l'Économie sociale et solidaire (ESS).

L'Accorderie de Lille a aujourd'hui le plaisir de constater que tant la rupture conventionnelle réalisée avec l'ancien salarié que le choix, suite au vote décisionnel de la personne actuellement en poste, ont été réalisés avec un succès couronnant de fait la démarche qualitative entreprise sur ces plusieurs mois de recherche. Nous espérons enfin que ce témoignage aura suffisamment mis en évidence les bienfaits de la réflexion collective, le rappel des valeurs humaines portées par l'ESS, l'application dans un cadre associatif d'obligations professionnelles induites par une démarche complexe relative au RH. Il montre aussi comment le cadre associatif représente une alternative fiable et vertueuse en considération des exigences quantitatives qui se répercutent tant dans le monde professionnel que dans les logiques relationnelles et sociétales.

Nicolas Crémery, pour l'Accorderie de Lille

Association AGIR en Weppes : Accueillir, Guider, Insérer les Réfugiés

Août 2014, dans un petit village des Weppes, à l'est de Lille, Olivier et Catherine voient à la télévision la fuite des chrétiens de Qaraqosh, en Irak, devant Daesh. Émus et indignés, ils contactent l'ambassade de France et proposent d'accueillir une famille.

Novembre 2014 : Alaa, Hind et leur fils arrivent dans les Weppes. Un petit réseau d'amis est constitué pour accompagner cette famille dans le quotidien. En septembre 2015, l'association est lancée au cours d'une soirée qui réunit 240 personnes et fournit plus de 100 bénévoles pour l'accompagnement de futures familles accueillies. L'engagement de l'association était fort : accompagner les familles jusqu'à leur complète autonomie (maîtrise du français, logement indépendant et source de revenus).

Ce fut notre première occasion de « refaire société » : faire bouger, se rencontrer et travailler autour de ce projet de nombreux habitants de notre petit secteur.

Le travail a continué : recherche de familles d'accueil, formalités administratives en amont avec l'ambassade de Bagdad et le consulat d'Erbil, formalités en France avec la préfecture, la CAF, l'Assurance maladie, organisation des cursus pour l'apprentissage du français, accompagnement pour tous les aspects de la vie quotidienne, recherche de financements, évènements conviviaux, etc. Ce fut notre deuxième occasion de « refaire société » : faire vivre ensemble les familles d'accueil et les bénévoles, bien enracinés dans la tranquillité des Weppes, avec des familles irakiennes, déracinées, traumatisées, et d'une toute autre culture. Les débuts étaient difficiles, aucune famille irakienne ne parlait le moindre mot de français ou d'anglais. Les communications se faisaient par gestes ou grâce à Google traduction ! On a beaucoup fait la queue dans les organismes officiels, mais on a vécu des moments intenses de satisfaction quand on obtenait des résultats, et des moments non moins intenses de convivialité au cours de copieux repas irakiens, de cours de cuisine irakienne, de promenades, rencontres, visites, participation aux messes où nos hôtes chantaient le Notre Père en araméen, la langue de Jésus.

L'activité s'est poursuivie avec bonheur : plus de 80 personnes accueillies, soit 16 familles, dont les trois-quarts sont désormais indépendantes ; CDD et CDI trouvés, succès aux examens de niveau de français, contacts avec la Délégation interministérielle pour l'Accueil et l'intégration des réfugiés, contacts fructueux avec les fondations du Crédit agricole et de Treille espérance (évêché de Lille), participation à une table ronde de la REM, témoignage de Catherine devant 1 000 personnes, retrouvailles au cours d'un bal oriental et de nombreuses manifestations, deux mariages et quatre naissances chez les Irakiens, nationalité française obtenue par Alaa, promotion professionnelle pour Naseem, succès au PACES pour Martin. Les causes de satisfaction ne se comptent plus.

Dans notre petit secteur des Weppes, l'arrivée de ces familles a provoqué une dynamique importante, et beaucoup de plaisir partagé, des leçons de résilience également. Cette aventure a aussi montré l'impact que peut avoir un engagement individuel sur l'environnement et sur la petite société que nous formons là où nous habitons.

▶ Association AGIR en Weppes, 29 rue de l'Église, 59134 Beaucamps Ligny
agirenweppes@gmail.com

Le Campus de la Transition : expérimenter et transmettre de nouveaux modes de vie conciliant écologie et justice sociale

Le Campus de la Transition est un lieu d'enseignement supérieur, de recherche et d'expérimentation créé en 2018 par un collectif d'enseignants-chercheurs, d'entrepreneurs et d'étudiants réunis par une volonté commune : promouvoir une authentique transition écologique, économique et humaniste, à l'échelle des enjeux qui bouleversent notre siècle. Le Campus de la Transition innove radicalement dans les contenus de ses enseignements, mais également dans la manière de les enseigner. L'expérience de l'apprenant se poursuit bien au-delà du seuil de « l'amphi ». Les enjeux d'une transition écologique concernent autant nos têtes que nos cœurs et nos corps, et nécessitent autant de comprendre les liens entre nos modes de vie et la crise climatique que de faire l'expérience sensible d'autres possibles heureux.

L'idée du Campus est née dans l'esprit de Cécile Renouard il y a environ trois ans, en réaction à des programmes académiques qui ne touchent pas les enjeux pressants de notre temps (climat, inégalités sociales, crises systémiques), des institutions qui ne bougent pas, et des étudiants qui sont en quête de sens et en demande de contenus nouveaux. Professeure de philosophie à l'ESSEC et au Centre Sèvres, en plus d'être religieuse de l'Assomption, elle associe à ses réflexions des collègues et amis pour réfléchir à un nouveau modèle. Ainsi, en partenariat plus qu'en concurrence avec d'autres institutions académiques, l'enjeu est de repenser nos modèles de production, de consommation et de vie, dans un monde fini : comme une opportunité heureuse vers un monde plus juste et inclusif.

Après une conversion religieuse pendant ma thèse (vers 2008) et un long cheminement personnel, je finis, grâce à l'entremise d'une amie religieuse, par rencontrer Cécile Renouard en février 2017. Nous « accrochons » tout de suite, et alors que je suis en transition professionnelle, elle me propose un poste de post-doctorant à l'ESSEC, sur des questions qui résonnent tout de suite : quels indicateurs de développement alternatifs au PIB, et comment les intégrer à une modélisation macroéconomique ? Je vis alors une seconde conversion, cette fois écologique, où je prends la mesure, intellectuellement et relationnellement, de combien « Tout est lié », en écho à *Laudato si'*. Les choses étaient en incubation pour moi depuis quelques années. Au même moment, Cécile et une première communauté s'installent à Forges, dans un domaine appartenant à sa congrégation, et que celle-ci met à disposition pour y développer le Campus. À la fin de mon contrat à l'ESSEC, elle me propose de la suivre pour coordonner l'offre et les partenariats académiques. L'évidence s'impose à moi et je la suis !

Ainsi, depuis 18 mois, sur cet « éco-lieu » lui-même en transition, nous développons des formations radicalement différentes des écoles classiques, avec l'objectif d'avoir l'effet de levier maximum sur le changement des modèles. Sur le fond, une place essentielle est faite à l'interdisciplinarité, pour avoir une vision globale des enjeux. Sur la forme, nous développons une pédagogie « tête, cœur, corps » qui s'adresse à la tête bien faite de nos étudiants, mais aussi à leurs émotions, en l'incarnant sur un lieu et un territoire. Cela nous permet de créer des espaces de possibles, qui passent par les logiques collectives et de décentrement. Nous expérimentons ainsi, avec les étudiants, de nouveaux modes de vie, plus sobres, plus résilients, plus inclusifs et souvent plus joyeux.

Pierre-Jean Cottalorda

Le Comptoir de Cana, un tiers-lieu solidaire en cœur de ville

Depuis son ouverture en 2015, le Comptoir de Cana prend la forme d'un bar associatif et solidaire, situé au cœur du vieux Lille. Lieu de métissage et de rencontres improbables, ce tiers-lieu d'Église est ouvert sur le monde et a pour enjeu de favoriser les échanges et les rencontres fraternelles sans masque et en confiance. On peut y parler de tout, y compris de foi dans une ambiance de détente, de joie, d'amitié et d'attention à l'autre. Le bar est porté par une communauté d'une trentaine de bénévoles regroupés dans une association qui emploie un salarié et un service civique. Le projet possède son propre modèle économique et sa propre autonomie financière grâce à son activité commerciale de vente de boissons et de planches. Son concept est articulé autour de trois verbes clés : accueillir, surprendre et déguster.

Framboise est une habituée du Comptoir depuis son ouverture : « En préambule, voici comment j'ai découvert le Comptoir de Cana. J'allais acheter du parmesan dans mon épicerie italienne, j'ouvre la porte, et là, surprise : l'épicerie s'était transformée en bar ! Lieu dans lequel j'ai de suite senti la chaleur humaine. J'étais dans un état psychologique un peu scabreux à cette époque, mon travail de conseillère en insertion me rendait malade, et je buvais plus que de raison. Tout cela est derrière moi aujourd'hui grâce à l'écoute et à la bienveillance du diacre, premier gérant du Comptoir, et de mon médecin. Le Comptoir de Cana fonctionne avec un salarié et des bénévoles dont le père Xavier. Je tiens à les remercier pour leur écoute, leur sollicitude et leur empathie. Au départ, les bénévoles étaient censés discuter avec les jeunes clients pour leur témoigner de leur foi, mais face à la somme de travail de service au bar, cela n'a guère été possible.

Le bar a alors fait sa mue d'un « bar catholique » vers un bar solidaire. Chacun peut apporter une petite pierre à l'édifice de la solidarité en payant un café suspendu, qui sera offert à une personne en difficulté. Cette personne pourra ainsi se sustenter, discuter, vivre un moment de partage et de chaleur. Une carte de fidélité solidaire permet d'offrir un repas à une personne démunie. Un samedi midi par mois est organisé un repas solidaire avec les SDF, ainsi qu'un petit-déjeuner convivial chaque mardi matin. La magie du Comptoir, c'est bien de créer du lien social entre les habitués, dont beaucoup sont seuls. Des amitiés sont nées, permettant des discussions autour de la religion, mais également autour des problèmes que l'un ou l'autre rencontre. C'est également un lieu ludique, avec des jeux de société, et le fameux karaoké du jeudi soir, où tout le monde chante en chœur, dans une véritable communion, une osmose totale. Des artistes encore méconnus peuvent exposer leur art, peinture, photos ou petit concert de musique. Solidarité envers les démunis, lien social qui se retisse, écoute bienveillante : tels sont les quelques mots qui pourraient, en résumé, définir l'expérience vécue au Comptoir de Cana. »

Framboise & Chris pour Le Comptoir de Cana

▶ Plus d'informations sur : www.lecomptoirdecana.fr

Fédération Habitat et Humanisme - Association loi 1901, Reconnue d'utilité publique - 69, chemin de Vassieux - 69300 Caluire et Cuire - Tél. : 04 72 27 42 58 - Mail : federation@habitat-humanisme.org

L'énergie des possibles - Face à la précarité énergétique à Roubaix

La précarité énergétique a de multiples expressions et est souvent vécue comme une compilation de problèmes entremêlés : habitat en mauvais état ou mal isolé (toit qui fuit, fenêtre non isolante, etc.), difficultés à payer les factures énergétiques, problèmes de santé de l'occupant et/ou de sa famille, difficultés à trouver du travail, absence ou faiblesse du filet social de solidarité. Dans une société moderne où l'atomisation liée à l'individualisme domine, l'habitant en situation de précarité énergétique se sent socialement isolé face à ses problèmes.

Initié en octobre 2018, suite à l'Innovation Day de la Fondation Rexel à Roubaix, l'Énergie des Possibles est un collectif rassemblant habitants, acteurs associatifs, privés et publics du territoire pour s'attaquer à la problématique de la précarité énergétique à Roubaix. C'est avant tout un espace d'écoute, d'échanges et d'apprentissages. Tout le monde y est à la fois sachant et apprenant. Les membres du collectif se retrouvent et travaillent ensemble autour d'ateliers et de temps d'échange réguliers. Depuis plus d'un an, le collectif, avec le soutien de la Fondation Rexel, de Ouishare et de Daniel Maciel, continue à grandir et rassembler les énergies pour faire émerger des solutions face aux enjeux complexes de la précarité énergétique.

La communauté se retrouve à plus de trente participants chaque mois et aussi régulièrement pour des temps en plus petits comités, afin d'approfondir les sujets de travail (compréhension plus fine des défis individuels des habitants et autres membres du collectif, idées de services ayant émergé lors des temps collectifs, identification de mises en relation pertinentes, etc.) et les relations humaines, toujours dans un cadre de convivialité.

Comment l'Énergie des possibles facilite-t-elle la sortie de la précarité énergétique ?

Par la mise en relation et la confiance. Aujourd'hui les membres du collectif font partie de nombreuses organisations, et ils mettent leurs compétences et leurs connaissances au service du collectif. Nous mettons en relation les bonnes personnes, au bon « moment » de leur parcours et avec une qualité de relation, de confiance qui existe grâce à ces moments collectifs répétés. Plutôt qu'un rapport aidant/bénéficiaire prédominant dans les dispositifs d'aide aujourd'hui, le collectif cherche à établir des rapports de collaboration pour résoudre ensemble les multiples facettes de la précarité énergétique.

Arthur Chammas

▶ www.lenergiedespossibles.fr

Le Peuvil en transition : rendre son quartier plus durable et convivial

Un petit groupe d'habitants, de voisins d'un quartier d'un petit village, situé dans le Nord en zone péri-urbaine, a commencé à travailler ensemble et à unir ses forces pour mener des actions et des projets concrets. Le concept des « villes et territoires en transition » s'appuie sur la prise de conscience que notre logique de développement touche à sa fin. La crise des matières premières, la crise climatique, l'augmentation de la dette témoignent de la fin d'un monde. Nous allons être confrontés au changement profond de notre mode de vie et de fonctionnement économique. Ce changement peut engendrer de grandes souffrances sociales si rien n'est fait pour nous y préparer. Le niveau local est celui où il est pertinent pour les citoyens d'agir.

C'est en partant de ce constat que des habitants d'un quartier se sont engagés dans « Le Peuvil en transition ». Nous avions déjà l'habitude de nous retrouver, lors de la fête des voisins, dans le hangar d'un agriculteur retraité. Après avoir visité un jardin en permaculture, nous avons réfléchi aux actions que nous pouvions mener ensemble. Nous avons organisé des réunions apéro de quartier, créé un groupe Whatsapp et une gazette « Pour que personne ne soit oublié ». Puis nous nous sommes engagés dans des actions collectives : la participation au « Word clean up day », du jardinage autour d'un *key hole garden*, l'organisation de deux ateliers de semis, la réalisation d'une boîte à livres.

Ces actions communes ont changé la vie du quartier : nous nous appelons par nos prénoms, nous nous prêtons du matériel (tronçonneuse, perceuse, machine à coudre), échangeons des services (dons de légumes, aide Internet, petit bricolage). À faire ensemble, on acquiert de nouvelles compétences et on s'encourage à changer nos modes de vie, notamment en matière de transports. Il y a des bonnes surprises, des étonnements. Les peurs et les inquiétudes sont partagées. Des liens de confiance se nouent à travers « le donner, recevoir et rendre », qui est le cœur de l'entraide, « le don et le contre-don ». Nous avons d'autres projets : la plantation d'arbres le long d'un champ, pour éviter de nouvelles inondations, avec l'aide de l'association Canopée reforestation ; la création d'un atelier « Zéro déchet », la fabrication d'une bière de quartier.

J'ai apprécié les échanges avec les participants de la table inspirante. Ils ont trouvé cette démarche intéressante et estimé qu'elle pouvait permettre de lutter contre les fractures sociales qui existent au sein des quartiers. Les participants se sont interrogés sur la manière de transposer cette action dans leur propre lieu d'habitation.

Claire Lepoutre, membre du CEAS (Centre d'Etude et d'Action Sociale) du Pevèle

Les Concerts de Poche : la musique au service de l'humain

Fondés en 2005, les Concerts de Poche mènent une triple mission : sociale, artistique et territoriale. L'association est convaincue que la musique est créatrice de liens, qu'elle agit concrètement en faveur de l'inclusion sociale, de l'estime et de la confiance en soi, qu'elle donne le goût de faire ensemble et de vivre ensemble. En lien avec les territoires, elle implique, dans des ateliers participatifs, fédérateurs et intergénérationnels autour de la musique, les habitants des zones rurales isolées et des quartiers excentrés ou enclavés. À l'issue des ateliers, elle leur propose des concerts d'exception, au cœur de leurs lieux de vie, avec les grands artistes de la musique classique, du jazz et de l'opéra.

Des ateliers musicaux : créateurs de lien social

Ils rassemblent des participants issus de structures scolaires, sociales, médicales, carcérales ou culturelles et permettent aux bénéficiaires de découvrir leur potentiel créatif, de gagner en confiance, de développer leur goût du collectif. Rendez-vous ponctuels ou dans la durée, ils sont menés par des artistes professionnels et encadrés par des médiatrices culturelles qui proposent des contenus adaptés aux publics : chant choral, écriture, théâtre & musique, lutherie sauvage, musique & cinéma, percussions. Les ateliers sont systématiquement liés au concert à venir sur le territoire et peuvent donner lieu à une restitution en lever de rideau.

Des concerts d'exception : exigeants et chaleureux

Aboutissement des ateliers, ils allient excellence artistique et convivialité. Donnés par des artistes de renommée internationale (Natalie Dessay, Augustin Dumay, Richard Galliano, etc.), ils sont proposés dans des lieux de proximité (salle des fêtes, maison de quartier, centre social, etc.). Leur format court et une politique tarifaire adaptée (entre la gratuité et 10 € maximum) les rendent volontairement accessibles. Ils s'achèvent par un temps de rencontre avec les artistes concertistes, le partage d'un verre de l'amitié et une séance de dédicaces. Réunissant participants aux ateliers et habitants du territoire, ils offrent une réelle mixité sociale et intergénérationnelle. Les Concerts de Poche rencontrent chaque année près de 45 000 habitants à travers 1 800 ateliers participatifs et 120 concerts, dans 300 communes de 30 départements. L'association est reconnue d'utilité publique, conventionnée avec le ministère de l'Éducation nationale, le ministère de la Culture, et agréée « Entreprise sociale solidaire ».

Quelques témoignages

« Ces ateliers m'ont permis d'avoir plus confiance en moi. C'était la première fois que je montais sur scène pour chanter. Quand les spectateurs ont applaudi à notre entrée sur scène, c'était génial ! » Lia, 11 ans, participante à un atelier musical de longue durée à Montargis (45)

« Ces ateliers chant, c'est ma bulle d'oxygène, ça m'a ouvert un nouvel horizon. Avant, je passais mes journées chez moi, je ne sortais pas. Chanter m'a permis de reprendre confiance en moi. Si demain je dois passer un entretien d'embauche, je n'aurai plus peur. » Maurice, bénéficiaire du RSA, participant aux ateliers « Rompre l'isolement » à Palaiseau-Les Ulis (91)

Cette expérience a transformé les élèves qui y ont participé, en particulier ceux qui étaient en difficulté scolaire ou mal dans leur peau. Ça leur a apporté beaucoup de choses au niveau de l'estime de soi, la capacité à écouter, la tenue physique, la prise en compte du collectif. Et, alors qu'ils étaient réticents au lancement du projet, j'ai vu l'immense fierté d'avoir été capables de monter sur scène, face à un vrai public et avec de grands artistes.

David Cape, proviseur adjoint du lycée agricole de Montardon (64)

▶ Pour suivre et soutenir les Concerts de Poche : https://www.concertsdepoche.com/don/

Parents solos et Compagnie : le réseau d'entraide et d'appui aux parents seuls

La mission de Parents solos et Compagnie est triple :
- faire en sorte que la situation de la monoparentalité et les difficultés qu'elle entraîne devienne un sujet de politique publique par une action de plaidoyer ;
- susciter et accompagner le développement de groupes d'entraide de proximité initiés par les parents eux-mêmes et les mettre en relation dans un réseau national ;
- rompre l'isolement par la mise à disposition de ressources, via des outils numériques.

La mono-parentalité, une situation banale à la complexité infinie

Pourquoi s'intéresser à la mono-parentalité qui devient aujourd'hui une situation banale et socialement acceptée ? Elle concerne en effet une famille sur cinq avec, dans 85 % des cas, une femme à la tête du foyer. Les parents solos ne seraient-ils pas des parents comme les autres ? Eh bien, pas tout à fait. Lorsqu'on s'approche un peu des situations réelles, on s'aperçoit qu'être seul-e ou quasi-seul-e à la tête d'une famille induit des problématiques méconnues car les premier-e-s concerné-e-s n'en font jamais état. Les difficultés touchent au poids des responsabilités familiales, à la charge mentale permanente qui épuise, à l'oubli de soi, à l'absence de répit, conjugués le plus souvent avec des difficultés économiques (30 % de ces familles vivent au-dessous du seuil de pauvreté). Sur le champ de l'emploi, la situation où l'on se retrouve seul-e à éduquer ses enfants s'apparente à ce que certains décrivent comme une situation de handicap social – au sens où on est empêché à chaque fois que la charge des enfants ne permet pas d'accéder à un emploi ou limite les perspectives de carrière.

Une stigmatisation aux graves conséquences sur la famille

Ces difficultés se conjuguent avec une stigmatisation dont on peut trouver les explications dans les enjeux de la bonne « parentalité », et, dans une moindre mesure, dans le fait que la norme demeure de vivre en couple parental. Ce regard négatif porté est moins celui de la société que celui des institutions auxquelles les parents isolés ont affaire. Et c'est là que s'enclenche une spirale pernicieuse. Car les parents, conscients de ces regards et sensibles aux mots qui les accompagnent, préfèrent ne pas s'y exposer. Ils ne fréquentent donc que peu les structures qui pourraient les aider. Cette situation, conjuguée avec les contraintes de l'organisation quotidienne et l'absence de répit, conduit à un isolement social et psychologique d'autant plus redoutable qu'il s'inscrit dans un cercle vicieux.

De l'aide à l'entraide

Le refus de l'aide s'explique également par un profil psychologique très partagé par les parents solos. On met un point d'honneur à réussir seul-e ce que les autres réussissent à deux, avec un niveau d'exigence placé très haut. De ce point de vue, admettre que l'on a besoin des autres, c'est afficher une nouvelle fois sa vulnérabilité. Et accepter de l'aide, c'est se retrouver redevable. Sauf si ces autres vous ressemblent et que l'on peut rendre ce que l'on vous donne. Donc contre-don entre pairs qui partagent les mêmes situations de vie. Cela explique l'attrait que représente la dimension de l'entraide entre les parents solos et la vive conscience que « s'entraider, c'est s'aider soi-même ». Le groupe d'entraide permet d'échanger les services à égalité, sans avoir besoin d'expliquer les motivations et en étant sûr de pouvoir rendre à son tour. Voilà ce qui explique pourquoi Parents solos et Compagnie s'est fixé comme mission d'encourager et d'accompagner les groupes d'entraide de parents vivant seuls.

Le jardin partagé « Le Colimaçon »

À Cobrieux, dans le Nord, à la demande de quelques familles, la mairie a mis à disposition l'ancien terrain de pétanque, laissé à l'abandon ! Vaste chantier, nous étions alors cinq familles, il a fallu défricher, décaisser, afin de retrouver la terre d'origine et lui redonner vie en la fertilisant de manière biologique. La première saison a été tellement difficile que deux jeunes couples ont préféré se retirer pour se consacrer davantage à leurs enfants. Étant à l'origine du projet, mon épouse et moi-même avons pris une place centrale pour le sauver. Nous étions inquiets, car, en agissant de cette manière, nous n'offrions pas de devenir à ce projet, bien au contraire, nous allions droit dans le mur. Heureusement, il y avait toujours la présence discrète, efficace et constante d'un voisin qui, de plus, avait des compétences en jardinage.

Les deux années qui ont suivi, trois autres personnes nous ont rejoints, mais soit par manque de motivation, soit par manque de temps, elles ne sont pas venues régulièrement. Alors nous avons décidé de nous ouvrir à d'autres villages. Aujourd'hui, nous terminons notre quatrième année avec huit familles, de 8 à 72 ans ! Nous vivons donc l'intergénération, dans une diversité sociale, culturelle et professionnelle ! Beaucoup sont néophytes dans le jardinage, mais tous sont désireux d'apprendre, chacun développant sa spécificité : bêchage pour certains, désherbage pour d'autres, plantations et, surtout, récoltes par tous ! Aujourdhui, les plaisirs sont bien présents : plaisir d'être ensemble le samedi après-midi et le dimanche matin, plaisir de partager des temps conviviaux ensemble, pauses où chacun amène quelque chose à boire, apéritif dînatoire (sur un air d'accordéon), plaisir de semer, planter et récolter ensemble. Nous entrevoyons de mettre en place des ateliers en lien avec le collectif « Pévèle 0 déchet et développement durable » : permaculture, compost et cuisine pour faire la passerelle du potager à l'assiette.

Nous ne sommes pas une association, mais simplement un collectif, pour moins de contrainte. Nous assumons « notre vivre ensemble » : nous choisissons ensemble ce que nous allons semer et planter et nous récoltons en fonction de nos besoins respectifs, et tout va bien ainsi, nous ne fonctionnons pas comme les jardins familiaux ! En début de saison, chacun donne une participation financière pour l'achat des semences ou autres besoins (nous avons acheté une serre).

C'est avec sérénité que nous allons entamer notre cinquième saison, certains partent, d'autres arrivent. Aujourd'hui, nous pouvons partir en vacances, l'activité au jardin se poursuit durant notre absence !

Pourquoi avons-nous appelé ce jardin « le Colimaçon » ? Il y a « coli » de colibri (la légende amérindienne du colibri « : l'important est que chacun fasse sa part ») et maçon, celui qui construit, qui bâtit. Le colimaçon étant un escargot, on espère en trouver beaucoup dans notre jardin !

Jean-Paul Sergent, membre du CEAS du Pévèle

Fil rouge autour de la Pensée sociale chrétienne
3 – Après les tables inspirantes du lien social

Pour ce dernier fil rouge théologique, je vous propose de reprendre quelques éléments de l'encyclique *Laudato si'*. Notamment dans une perspective qui nous permette de relire notre participation aux tables inspirantes, aux ateliers, à partir de la dynamique du « Tout est lié », mouvement de l'écologie « intégrale » selon le pape François. « Intégrale » souligne chez lui la nécessité de prendre en compte le tout de la réalité et l'ensemble des composantes et des acteurs du créé sans en exclure aucun, à partir de la conviction que tous nous pouvons participer et entrer dans cette contemplation amoureuse de la vie sous toutes ses formes. Chaque élément du créé a une valeur propre et pas seulement une valeur d'usage pour notre bénéfice : chacun participe de ce socle commun à partir duquel nous sommes invités/exhortés/appelés à ouvrir des chemins d'humanité hospitalière, à vouloir devenir humains.

Cette aventure systémique, nous y sommes plongés à partir de notre foi en un Dieu créateur et sauveur. Le pape souligne combien la question écologique – au sens de ce « Je crois en un Dieu créateur et sauveur » – n'est pas périphérique, mais au centre de notre foi. Les ateliers inspirants ont mis en évidence, par leur diversité même, le « tétraèdre de l'équilibre écologique » proposé par le pape François dans *Laudato si'* (n°210) : « Au niveau interne avec soi-même, au niveau solidaire avec les autres, au niveau naturel avec les êtres vivants, au niveau spirituel avec Dieu. » Ces expérimentations ont mis en évidence les itinéraires d'apprentissage d'une éthique écologique de « manière à faire grandir effectivement dans la solidarité, dans la responsabilité et dans la protection fondée sur la compassion » (LS 210). Nous avons pu recueillir avec émerveillement la créativité des divers acteurs, dans la mise en œuvre concrète de cette pierre d'angle de la pensée sociale, la dignité inconditionnelle et sacrée de toute personne humaine, dans ses liens écosystémiques aux autres, à la terre, à Dieu. Dignité qui commence aussi, comme nous l'avons vu durant le spectacle de Magdala, par la relation à soi-même.

Le pape écrit au n° 205 : « Je demande à chaque personne de ce monde de ne pas oublier sa dignité que nul n'a le droit de lui enlever. » Cette exhortation demande de revisiter nos propres incohérences entre avoir et être. Dans le dernier chapitre de *Laudato si'*, que je vous invite à relire, le pape nous livre une phrase un peu choc, au n° 222 : « Moins, c'est plus. » Moins de quoi ? Moins de biens, de consommation, car nous sommes dans un mouvement « compulsif » de consommation. Moins de biens pour plus de liens. Nous avons entendu, lors des tables inspirantes, la créativité du terrain, la capacité toujours nouvelle que nous avons de créer ou recréer du lien. Le spectacle mis en scène hier soir montrait cela fort bien à travers le choix des lieux et des mouvements. L'espace « Magdala » crée du lien, nul n'a beaucoup de biens, mais chacun avec sa vie cabossée peut y venir et y vivre une qualité relationnelle qui lui permet d'expérimenter qu'il « vaut la peine de passer en ce monde » (LS 212).

« Il ne faut pas penser que ces efforts ne vont pas changer le monde. Ces actions répandent dans la société un bien qui produit toujours des fruits au-delà de ce que l'on peut constater, parce qu'elles suscitent sur cette terre un bien qui tend à se répandre toujours, parfois de façon invisible. En outre, le développement de ces comportements nous redonne le sentiment de notre propre dignité, il nous porte à une plus grande profondeur de vie, il nous permet de faire l'expérience du fait qu'il vaut la peine de passer en ce monde. » (LS 212)

Nous pouvons retenir trois points de cet aller-retour entre le texte de l'encyclique *Laudato si'* et les témoignages entendus depuis deux jours :

- ♦ N'oublier aucun sujet- aucune personne ; n'oublier aucun aspect de la vie sous toutes ses formes ; préparer une place pour chacun car tout est donné / tout est lié / tout est fragile.
- ♦ Entrer résolument dans le travail de cohérence entre fond et forme en osant réentendre toute la force inspirante de notre crédo : je crois (foi-confiance) ; j'atteste de la solidité de ce qui est professé en commun, un Dieu créateur et sauveur ; j'accueille la force des mots qui ont leur poids de réalité.
- ♦ Rendre raison de l'espérance qui est nous : celle d'une foi vive en Jésus-Christ, notre Paix, mort et ressuscité pour nous, c'est-à-dire présent avec nous dans ce monde meurtri et invitant à l'engagement solidaire.

J'ai commencé hier en nous invitant à la méditation de la parabole du Bon Samaritain. Le spectacle hier soir semblait infliger un cruel démenti à mon propos : « Mais nous n'avons pas tous à être des bons samaritains ! » Quelle douce ironie et comme il est réjouissant d'entendre que la cohérence à laquelle nous sommes invités n'est pas une naïveté de la bonté, mais une naïveté « seconde » qui a porté le poids de l'échec et de l'exclusion et qui choisit de se laisser embarquer par l'invitation de Jésus de Nazareth : « Va et toi aussi fais de même ! » Invitation toujours nouvelle pour chercher et proposer, avec d'autres, comment vivre cette cohérence de l'appel évangélique au cœur de la vie même.

Notre interprétation de la parabole du Bon Samaritain refuse ainsi les postures de surplomb et invite à un style prophétique et contemplatif. Prophétique, car il s'agit de conduire une vraie critique des processus sociaux, de l'injustice des dispositifs, à mener en conscience avec l'aide des sciences sociales, de la philosophie, de la théologie. Contemplatif, à partir de cette articulation serrée entre vie spirituelle et vie morale dont l'apprentissage suppose une conversion communautaire (LS 219 et 220). Le pape François souligne combien cette conversion écologique appelée de ses vœux dans l'encyclique *Laudato si'* est tissée d'expériences éducatives empreintes d'humilité. Se limiter pour que d'autres vivent, c'est aussi simple que de remettre un pull quand il fait frais plutôt que de remonter le thermostat. Ce geste fait en conscience, en solidarité avec les frères démunis, permet d'expérimenter ce lien d'inter-relation mutuelle qui nous lie les uns aux autres, à la nature, au cosmos et à Dieu. La multiplication de ces petits gestes permet de participer de tout son être à ce que le pape nomme, à la suite de Teilhard de Chardin, une liturgie cosmique. On y entre par la dynamique du prendre soin, prendre soin de la vie d'autrui.

Laudato si' nous fait entrer dans ce triple mouvement de la pensée sociale chrétienne : les motivations de l'action solidaire et durable sont d'autant plus solides qu'elles sont fondées sur des « convictions » fortes, ici nées du sein du dialogue entre foi et raison. Les motivations pour cette citoyenneté écologique pourront s'épanouir alors en « habitudes » ou solides « vertus » de don de soi dans un engagement écologique (LS 211). Chaque élément, chaque être, chaque chose, participe de ce socle commun à partir duquel nous sommes invités, exhortés, appelés à ouvrir des chemins d'humanité hospitalière.

C'est sur cette dynamique d'hospitalité que j'ai commencé hier. Je termine en la reformulant comme une expression de notre vocation de protecteur de l'œuvre de Dieu et comme une part essentielle de notre vie, de notre existence, de notre croissance selon les vertus chrétiennes d'espérance, de foi et de charité, les trois vertus théologales. Elle se déploie dans une attitude de gratitude pour le monde reçu des mains de Dieu, pour les frères qui nous accompagnent. Elle ouvre à la conscience amoureuse de ne pas être déconnectés des autres créatures, de former ensemble une communion universelle. Elle nous permet de reconnaître la place spécifique de l'humain, non pas comme une supériorité de domination, mais comme cette capacité particulière d'être conscient de ce qui se joue dans la vie même, dans son impact écosystémique et, à partir de cette conscience spécifique, d'assumer la grave responsabilité qui naît de cette position. L'hospitalité à la suite de Jésus de Nazareth est alors une invitation pressante à entrer dans cette croissance par la sobriété, la possibilité de croire que « moins, c'est plus » (LS 222) et de l'expérimenter comme une possibilité de jouir avec peu de biens, mais plus de liens. Elle donne d'apprécier ce qui est petit, de remercier des possibilités que la vie nous offre, d'entrer en contact et surtout de percevoir qu'il y a là une réelle intensité de la vie « quand on trouve satisfaction dans ces rencontres fraternelles, dans le service, le déploiement de nos charismes, l'art, la musique, le contact avec la nature, la prière » (LS 223).

J'emprunte *in fine* au pape François les mots d'envoi au terme de ces deux jours de session consacrée au défi de « Refaire société » : accueillons au cœur de notre désir d'action sociale l'appel de Dieu à agir de concert dans des dynamiques sociales, en étant assurés que cela fait partie de notre spiritualité, que c'est un exercice de la charité. Et que, de cette façon, nous grandissons, nous mûrissons et nous nous sanctifions, à travers deux fruits : la joie, à laquelle Pierre Giorgini nous a invités, et la paix.

Une société en quête de sens et de confiance

CLAIRE HÉDON
NATHALIE SARTHOU-LAJUS
MGR ULRICH
XAVIER BERTRAND
CLEMENS LADENBURGER

CLAIRE HÉDON[1]

Une société en quête de sens et de confiance : comment avoir confiance dans une société qui exclut ? Car vivre en situation de pauvreté, c'est se sentir exclu de la société. Je vais aborder trois points avec vous :

- Que veut dire vivre dans la pauvreté aujourd'hui ?
- Comment faire pour que les plus pauvres participent à la société ?
- Que faire pour être plus inclusif ?

Les chiffres de la pauvreté

Voyons d'abord les chiffres : plus de 9 millions de personnes vivent en dessous du seuil de pauvreté en France, ce qui représente à peu près 14,3 % de la population française selon les derniers chiffres de l'Insee, en augmentation cette dernière année. Le seuil de pauvreté est fixé à 60 % du revenu médian, aux alentours de 1 050 € par mois. Le revenu médian est à 1 800-1 900 €, c'est-à-dire qu'une moitié de la France gagne plus tandis que l'autre moitié gagne moins.

---

[1] Claire Hédon est présidente d'ATD Quart Monde.

Un autre seuil utilisé par l'Observatoire des inégalités est à 50 % du revenu médian, soit moins de 850 €, et concerne 5 millions de personnes. Un troisième chiffre – qui montre la très grande pauvreté, ceux que nous suivons à ATD Quart Monde – est fixé à 40 %, soit moins de 680 €, et concerne 2,2 millions de personnes. Comment fait-on pour s'alimenter correctement avec 680 € ? Ces chiffres ne disent pas tout de la pauvreté. Car la réalité de la pauvreté, c'est le non-accès aux droits, au travail, au logement, à une éducation de qualité, à la santé, à la culture.

Nous avons, pendant trois ans, mené une étude avec l'université d'Oxford sur ces dimensions de la pauvreté et ceci avec des personnes en situation de précarité comme co-chercheurs, donc pas seulement pour être auditionnées. Nous l'avons menée dans six pays, trois pays du Nord – France, Grande-Bretagne et États-Unis – et trois pays du sud – Bolivie, Tanzanie et Bangladesh. Dans chacun de ces pays, l'étude réunissait des chercheurs de haut niveau et des personnes en situation de précarité, dont le résultat final a été co-écrit avec elles. Évidemment sont ressorties les dimensions classiques : revenus insuffisants, privation matérielle et sociale, manque de travail décent, de logement. Sont aussi remontées d'autres dimensions nouvelles, comme la peur et la souffrance, la dégradation de la santé physique et mentale, la maltraitance sociale, c'est-à-dire le regard que nous portons sur les plus pauvres, souvent discriminants.

On se pose facilement la question de savoir ce que ces personnes ont raté pour se retrouver dans cette situation, alors qu'il faudrait se demander ce que la société a raté pour qu'elles y soient. De fait, la société est maltraitante. En voici un exemple : certes, il faut lutter contre la fraude, mais à force de lutter contre la fraude au RSA, on crée de l'exclusion, les gens n'osent même plus le demander, et on a un taux de non recours (c'est-à-dire de gens qui devraient bénéficier du RSA et qui ne le demandent pas) de 30 %. D'autres dimensions sont également ressorties : l'isolement, la dépossession du pouvoir d'agir, les compétences acquises qui ne sont pas reconnues. La maltraitance institutionnelle existe.

C'est en la comprenant mieux qu'on luttera mieux contre la pauvreté. Nous nous désolons à cet égard de la disparition de l'Observatoire national de la pauvreté et de l'exclusion sociale (ONPES) qui va être intégré au Conseil national des politiques de lutte contre la pauvreté et l'exclusion sociale (CNLE) mais avec une forte diminution de moyens. Je ne pense pas que ce soit en étudiant moins la pauvreté qu'on luttera mieux contre elle, cela ne me paraît pas être un bon signal.

La participation

Quand on essaie de mieux comprendre cette pauvreté, on comprend qu'il faut donner la parole aux personnes et leur permettre de participer. La participation est inhérente au fonctionnement d'ATD Quart Monde, créé par Joseph Wresinski, prêtre et issu lui-même de la grande pauvreté. Il a vécu comme une humiliation le fait qu'on ne demande jamais leur avis aux pauvres sur ce qu'ils pouvaient vouloir. L'objectif a donc été, dès le début, de donner la parole aux plus pauvres et surtout de construire avec eux. Nous avons, pour cela, plusieurs lieux, comme les universités populaires Quart Monde, où ensemble nous élaborons une pensée du mouvement et de ce que nous voulons en termes de lutte contre la pauvreté.

Récemment, nous avons travaillé sur le revenu universel, le réchauffement climatique, l'accès aux soins, l'école – on sait que l'échec scolaire, qui voit 100 000 jeunes sortir sans qualification du système scolaire, fait le lit de la pauvreté. Je vais prendre un exemple de ce que peut apporter cette participation des plus pauvres. Quand est venue, dans le débat des élections présidentielles, la question du revenu universel, on nous a demandé ce qu'on en pensait. Mais qu'en pensent les plus pauvres ? La première chose qui est ressortie c'est : « nous, on veut travailler, parce que c'est le seul moyen d'être inséré dans la société ». Ensuite sont venues d'autres choses comme le montant qui ne serait pas suffisant et le regard qui n'allait pas changer sur les plus démunis.

Dans le projet de réforme du RSA, le revenu universel d'activité (REA) propose d'agréger l'ensemble des aides sociales. Les personnes en position de précarité nous ont tout de suite dit que, si on incluait les Aides personnalisées au logement (APL) dans le REA, ce serait pour eux une catastrophe : « Si on nous donne l'argent directement alors que c'est habituellement versé au bailleur social, nous sommes dans de telles difficultés financières en fin de mois, obligés de faire des arbitrages sur ce qu'on va payer ou non, et le risque est de ne pas payer le loyer en accumulant encore plus de dettes sur le logement. » Voilà à quoi nous sert la participation des personnes et comment cela nous permet de raisonner différemment.

Je n'ai pas vécu dans la pauvreté et il y a des choses que je ne sais pas. Et j'apprends de l'intelligence des pauvres, Beaucoup d'entre eux, s'ils étaient nés dans un autre milieu, auraient réussi. À l'inverse, je ne suis pas sûre que j'aurais l'énergie qu'ils mettent pour s'en sortir.

Que faut-il faire ?

Une première chose dont nous sommes convaincus, c'est que les droits sont indivisibles. On a un peu tendance à travailler sur des dispositifs, l'un sur l'école, l'autre sur la santé, un troisième sur le travail, alors que ces droits sont indivisibles et qu'il faut travailler sur l'ensemble en même temps. C'est ce que nous faisons dans notre centre d'hébergement de Noisy-le-Grand où nous accueillons une trentaine de familles et où nous travaillons avec elles sur toutes les questions : éducation des enfants, soutien scolaire, aide pour trouver un logement définitif, travail et aussi accès à la culture, car la culture nous fait du bien à tous et permet de raisonner différemment.

« Territoire zéro chômeur de longue durée »

Je voulais vous parler du projet « Territoires zéro chômeur de longue durée ». Le chômage de longue durée coûte à l'État 43 milliards € par an, soit en moyenne 18 000 € par personne : un tiers de minima sociaux, un tiers d'argent qui ne rentre pas dans les caisses de l'État – impôts, taxes, cotisations sociales – et un tiers de dépenses à plus long terme dans les domaines de l'éducation, de la santé mais aussi de la délinquance. Donc, il y a de l'argent. Par ailleurs, on manque d'emploi, mais pas de travail. On constate qu'il y a énormément de choses qui manquent dans les territoires, en termes d'aide à la personne ou de protection de l'environnement, par exemple. Nous avons bataillé pour obtenir une loi en 2016 qui a permis de sélectionner dix territoires, ruraux et urbains. Sur ces territoires, onze entreprises à but d'emploi (EBE) ont été créées qui reçoivent cette aide de l'État de 18 000 € et vont embaucher en CDI l'ensemble des chômeurs de longue durée. La Fabrique de l'emploi ici, dans le Nord, à Loos et Tourcoing, a beaucoup travaillé sur cette question d'exhaustivité. Ce qui est compliqué est de parvenir à un équilibre économique, car les 18 000 € de l'État, qui ont d'ailleurs baissé récemment, ne suffisent pas. Un Smic chargé est aux alentours de 22-23 000 € et si on ajoute les locaux, les frais et l'encadrement, on dépasse ce montant. Il faut donc aller chercher suffisamment d'activités rémunératrices pour trouver l'équilibre.

Dans son film *Nouvelle cordée*, Marie-Monique Robin est allée à Mauléon (Deux-Sèvres) filmer une EBE, et montre à quel point l'accès au travail change la vie des gens, à plusieurs titres. D'abord parce qu'ils se sentent insérés dans la société, et que, contrairement à ce qu'on entend parfois dire, on vit beaucoup mieux au Smic qu'au RSA, car toutes les aides ne s'arrêtent pas quand on est au Smic. Cela démontre qu'on peut trouver du travail pour les personnes en chômage de longue durée et qu'on trouve aussi de l'argent puisque le chômage coûte cher à la société.

Le récent rapport de l'IGAS-IGF[1] et d'un comité scientifique sur cette expérience nous inquiète, car nous n'en partageons pas toutes les analyses. Nous demandons une extension de l'expérimentation, car nous pensons qu'il faut l'ouvrir à de nouveaux territoires pour continuer à expérimenter pendant les cinq prochaines années avant de faire un droit d'option qui ouvrirait le dispositif à tous ceux qui le souhaitent. Ce qui est intéressant, c'est que c'est un projet local de territoires qui réunit les élus locaux de tous bords, les artisans, les commerçants, les associations, Pôle emploi, les syndicats, les personnes en situation de pauvreté. Cela redonne confiance et montre qu'on peut travailler ensemble et être dans une société inclusive. Ce projet nous paraît important parce que nous sentons que les personnes ont besoin de travailler pour être insérées dans la société.

---

[1] http://www.igf.finances.gouv.fr/files/live/sites/igf/files/contributed/IGF%20internet/2.RapportsPublics/2019/2019-M-044-04-ETCLD.pdf

Éducation : vers une société plus inclusive

Concernant l'éducation, nous sommes dans un système scolaire très excluant, qui réussit très bien aux élites, mais pas à l'ensemble de la société. La France est mal placée dans les études PISA faites par l'OCDE. 100 000 jeunes sortent sans qualification du système scolaire. On peut avoir fait toute sa scolarité en France et être en immense difficulté de lecture et d'écriture. Nous menons depuis deux ans une recherche avec une action et une expérimentation dans 20 collèges et écoles pour essayer de contrer cet échec scolaire et surtout d'éviter l'orientation vers les dispositifs Segpa (Section d'enseignement général et professionnel adapté) et Ulis (Unité spécialisée pour l'inclusion scolaire) qui rassemblent 90 % de personnes en situation de précarité. Les parents d'élèves ont aussi un rôle à jouer pour accueillir les familles en difficulté.

Je m'intéresse beaucoup aux mouvements de jeunesse qui se mobilisent sur le climat car ils s'intéressent aussi à la question sociale et ne dissocient pas la lutte contre le changement climatique de la lutte contre la pauvreté. Ils peuvent nous donner un espoir sur cette volonté de changer cette société pour en faire une société dans laquelle nous ayons plus confiance.

NATHALIE SARTHOU-LAJUS[1]

Pour répondre à la question qui m'a été posée, j'ai commencé par le sous-titre : comment retrouver le goût de faire communauté ? Je suis partie de l'étymologie, le mot communauté vient du latin *cum* (avec) *munus* (charge, dette), qui signifie le fait de mutualiser des obligations, de mutualiser ce que nous nous devons pour pouvoir vivre ensemble, pour faire communauté. Je trouve intéressant d'insister sur les dettes mutuelles au fondement de la communauté. En effet, nous sommes allés loin dans la réflexion sur les droits des individus en vue de leur émancipation, mais il nous faut maintenant revenir à ce que nous nous devons mutuellement si nous voulons faire communauté. Je retiendrai trois obligations principales : la confiance, la considération et la tolérance.

La confiance

Il me paraît urgent de surmonter la défiance. Sans confiance, aucune communauté n'est possible. Or la défiance est multiple : à l'endroit des élites qui sont accusées de faire sécession, c'est-à-dire de ne plus se préoccuper du bien commun, mais uniquement de la sauvegarde de leurs privilèges. Elle existe aussi à l'égard des plus précaires qui sont accusés d'être des assistés ou bien de résister aux changements qui semblent nécessaires.

---

[1] Nathalie Sarthou-Lajus est philosophe.

La conférence de Jérôme Fourquet a présenté hier une image des différentes fractures avec cette figure de l'archipel. Mais on rencontre beaucoup de visions très polarisées de la société, qui opposent le monde en deux camps : les élites et le peuple, le monde d'en haut et le monde d'en bas, selon la terminologie de Christophe Guilluy. L'essayiste David Goodhart, dans son ouvrage *Les Deux clans, la nouvelle fracture mondiale*[1], oppose les « partout », les *anywhere*, cette élite très mobile, et les *somewhere* qui sont ancrés quelque part, et nous offre un éclairage britannique d'après Brexit.

Ces visions très polarisées ont le mérite de souligner les dérives de la mondialisation et d'entendre les inquiétudes de ceux qui se sentent déclassés dans une société de plus en plus mobile, de plus en plus performante et qui a été conçue pour et par les élites. Mais cette polarisation a des inconvénients, car elle a tendance à alimenter un climat de défiance mutuelle, voire de paranoïa, entre deux clans qui ne parleraient plus la même langue, qui ne pourraient plus se comprendre. Il me semble urgent de tisser des ponts, des passerelles entre ces clans. Surtout, la polarisation donne de nos identités individuelles et collectives une vision souvent caricaturale. D'ailleurs, les promoteurs de cette vision polarisée en sont tout à fait conscients. Plutôt que d'accuser les élites, dont nous avons besoin dans tous les domaines de la société, il serait plus intéressant de développer une plus grande diversité de modèles de vie réussie. Enfin les plus mobiles d'entre nous, qui vivons dans les grandes métropoles, conservons des attaches dans les territoires dont nous venons. Même sédentaires, nous avons la possibilité de nous déplacer ou de voyager, sinon physiquement, du moins virtuellement par les différents médias à disposition, dont les réseaux sociaux. Nous avons eu besoin de cette vision polarisée pour pointer les excès de la mondialisation, mais il faut en sortir.

La perte de confiance est liée aux promesses non tenues, bafouées parfois avec un certain cynisme par ceux qui nous gouvernent. Moins d'arrogance, moins de positions de surplomb de la part de ceux qui nous représentent, de la part d'une élite, qu'elle soit intellectuelle, religieuse, médiatique ou politique. L'aveu qu'ils peuvent se tromper, que différentes positions sont possibles, renforceraient certainement la disposition des citoyens à leur faire confiance. La confiance n'est pas simplement ce qui nous permet de créer des liens, mais aussi le fait d'aborder l'avenir comme une source de possibles.

Je suis en accord avec l'intervention de Bernard Perret qui disait que nous avons besoin de réalisme – c'est-à-dire qu'on ne nous raconte pas d'histoire sur les catastrophes en cours –, mais aussi d'utopies nouvelles qui ne sous-estiment pas non plus la puissance de l'inattendu que peut recéler l'avenir. Et ceci en vue de nouvelles transformations du monde. La force d'une encyclique comme *Laudato si'* est de concilier les deux, réalisme et utopie. La conversion écologique et sociale

---

[1]   Les Arènes, 2019.

aujourd'hui nécessaire suppose de faire le choix de la confiance, de parier à la fois sur les hommes et leur capacité à se transformer et aussi de parier sur l'avenir en ne s'enfermant pas dans une vision uniquement catastrophiste.

La considération

Il faut prendre en compte le désir de reconnaissance, car cette question est centrale dans nos sociétés. Je vous invite à relire le philosophe Axel Honneth, notamment son ouvrage *La société du mépris*[1]. Les populations concernées par les manifestations des « gilets jaunes » n'étaient pas les plus précaires, mais elles s'inquiétaient de la fragilité de leur niveau de vie et elles partageaient un même sentiment d'être méprisées. Dans des sociétés où la conscience de classe est moins forte, où les rôles sociaux, familiaux, sont plus fragilisés, moins déterminés, les individus sont certainement plus exposés à l'isolement, à la concurrence et au sentiment de mépris, particulièrement dans des sociétés qui valorisent seulement la performance et la mobilité. Ceux qui échouent ou résistent au changement se sentent inférieurs. Il faudrait valoriser d'autres modèles de réussite. Tout le monde n'a pas la vocation d'être auto-entrepreneur, d'autant plus que ce statut est source de nouvelles précarités. Il faudrait revaloriser tous les métiers liés au soin. Le pape François a raison d'insister sur le fait que l'acte de soin est l'acte social le plus fondamental, celui qui a le plus de profondeur spirituelle. Cela a été une erreur de balayer avec une certaine condescendance les théories du *care* qui revalorisaient cet acte de prendre soin. Sa dimension politique a été écartée à cause du paternalisme ou du maternage supposés. Or, c'est tout le contraire : le soin a pour visée la considération des capacités des individus en situation de précarité.

La demande de considération manifeste aussi un désir de faire société autrement, de façon moins verticale, moins hiérarchique, dans une relation d'égalité aux autres, dans l'esprit de la sociabilité qui peut être créée dans les réseaux sociaux. Lors des manifestations de « gilets jaunes », il y avait un plaisir à parler en son nom propre, comme un citoyen ordinaire, à égalité avec un ministre ou un expert. Celui que Monsieur Macron a appelé avec condescendance « Jojo le Gilet jaune » avait un avis sur sa situation qu'il est nécessaire d'entendre.

La tolérance

La tolérance, c'est la capacité à faire vivre le dissensus dans nos démocraties. Ce n'est pas seulement notre système représentatif qui dysfonctionne, mais notre capacité à nous mettre à la place de ceux qui ne pensent pas comme nous, ceux qui ne vivent pas comme nous, ceux qui n'aiment pas comme nous. Nous vivons dans des sociétés moins homogènes, où la diversité sociale, religieuse, culturelle est beaucoup

---

[1] La Découverte, 2006.

plus importante. Cette pluralité des modes de vie donne l'image d'une société plus fragmentée, que certains interprètent comme un effondrement, une impossibilité de partager un monde commun. Or, comme le souligne à juste titre David Goodhart : « Le multiculturalisme a fini par être synonyme de diversité entre les groupes plutôt qu'à l'intérieur des groupes. » Les diversités de communautés sont importantes, mais le danger est la perte de diversité au sein de chaque communauté. C'est ainsi que se développent les communautarismes où on ne fait confiance qu'à un cercle de proches, à ceux qui nous ressemblent, qui partagent la même culture, les mêmes valeurs que nous. C'est humain, car, quand nous sommes exposés à une plus grande pluralité, nous avons des réflexes de défense, des mécanismes de fermeture pour nous protéger. Mais je crois que personne n'a envie de vivre dans des communautés closes où tout le monde serait identique. La vitalité d'une communauté est dans sa capacité à faire vivre la diversité et aussi les conflits qui nous séparent.

Il existe différentes manières de faire communauté. L'une des premières formes, c'est co-exister – un mot qui est d'ailleurs l'intitulé d'une association qui œuvre au dialogue entre les religions. Co-exister, c'est une manière de vivre ensemble, qui tolère l'autre, qui lui fait une place, qui consiste à vivre côte à côte. Je n'ai pas à partager les mêmes pratiques, les mêmes convictions que les autres, ils n'ont pas à m'être sympathiques ou compréhensibles, je ne suis pas obligé d'en faire des amis potentiels, mais j'ai l'obligation de les tolérer et de me sentir concerné quand leur existence est menacée. L'expérience maximale de la communauté, c'est la communion, qui va plus loin que le simple fait de co-exister. Elle est dans une vibration commune, dans cette ferveur que partagent des personnes en assemblée, leur permettant de se vivre comme si elles ne faisaient plus qu'un, alors qu'elles sont différentes. Car ce qui les unit à ce moment-là est plus fort que ce qui les sépare. Nous avons vécu un moment de communion lors de la victoire du Mondial en 2018, où j'ai vu, par exemple, une femme musulmane voilée d'un drapeau bleu-blanc-rouge. Ce sont, bien sûr, des moments de fête exceptionnels, et, le lendemain, les divisions recommencent, mais c'est bon de garder en mémoire la trace de ces moments de communion. Nous avons vécu aussi lors de l'incendie de Notre-Dame une communion qui dépassait largement la communauté catholique, voire la communauté nationale des Français. Ces partages de moments de communion sont importants pour retrouver le goût de la communauté.

Pour conclure, s'il faut combattre le mépris qui fonctionne toujours selon un axe vertical – du haut vers le bas, le mépris du peuple, et du bas vers le haut, la haine des élites –, il ne sert à rien d'attiser ces oppositions, car nous avons un besoin urgent de passerelles. Comme le souligne le politologue allemand Jan-Werner Müller : « Le populisme, ce n'est pas l'anti-élitisme, mais l'anti-pluralisme. »[1] Notre défi le plus

---

[1] Voir collection « Les Essentiels d'Études », L'Europe et ses populismes.

grand est de penser l'unité de la société dans sa pluralité. Le christianisme a des ressources pour penser cela.

Mgr Ulrich[1]

La question se présente pour moi ainsi : nouveaux liens, nouveaux lieux, quelle responsabilité pour les communautés chrétiennes ?

Des initiatives variées

Nous en avons eu beaucoup d'exemples à travers les ateliers et les tables inspirantes. On peut énoncer des domaines où des innovations, rejoignant des attentes contemporaines en matière d'utilité sociale et de liens, sont mises en œuvre par des réalités ecclésiales, plus ou moins institutionnelles, plus ou moins d'initiatives privées, c'est-à-dire par des baptisés de tout statut personnel, et rassemblant des personnes qui veulent augmenter, restaurer, solidifier le lien social. Il ne faut pas simplement imaginer des opérations institutionnelles de l'Église, mais aussi des opérations associatives nées de l'initiative personnelle d'un certain nombre de gens.

Et l'occasion m'est ici donnée de parler de la Fondation dont j'ai voulu doter le diocèse pour soutenir des projets d'associations qui initient des actions dans les domaines de l'éducatif, notamment le retour de jeunes à l'insertion sociale, par l'emploi, par exemple, du culturel et du social : la « Fondation Treille Espérance », Treille évoquant le nom de notre cathédrale, Notre-Dame de la Treille.

Dans nos Églises diocésaines, dans les Églises protestantes et évangéliques, dans l'Église de Lille, et parmi les initiatives qui ont été présentées, débattues ce matin dans les tables inspirantes, on peut citer avec bonheur des activités qui doivent être classées dans des catégories différentes.

Solidarité

♦ Toutes les grandes associations caritatives et solidaires (Secours catholique, CIMADE, etc.) travaillent aussi bien sur les liens au quotidien que sur l'analyse des causes et sur les projets, l'analyse étant un des chemins par lesquels ces grandes associations travaillent avec beaucoup de persuasion et permettent d'emporter l'adhésion de nombreuses instances, comme le bilan annuel de la pauvreté du Secours catholique.

♦ L'ABEJ-solidarité, association d'origine et de tradition protestante, fondée en 1985, et d'abord visible grâce à un bus devant la gare de Lille Flandres, aujourd'hui ramifiée en plusieurs activités d'accueil de jour, de logement et d'autres accompagnements, cherche à repenser le travail social et ses dispositifs pour refaire société avec les personnes les plus en marge. C'est une très grande transformation qui s'est

---

[1]   Mgr Ulrich est archevêque de Lille.

opérée dans cette association qui a commencé par répondre à des besoins immédiats de la rue et en a développé d'autres par la suite.

♦ La table inspirante « Travail soigné ? » : ce sont des acteurs du soin en première ligne des fractures sociales, une initiative de la Mission ouvrière de Lille. Ils constatent qu'il y a bien des difficultés pour ces travailleurs eux-mêmes qui devraient être mieux soutenus.

♦ Le Comptoir de Cana à Lille, (Dorothy et le bar Simone à Lyon), ces bars solidaires qui essaient non seulement de réunir des chrétiens, mais surtout de recréer du lien à travers la possibilité d'entrer dans un lieu accueillant pour tous. Au Comptoir de Cana, on a pris l'habitude des cafés suspendus et des planches suspendues.

Écologie

♦ Le Centre spirituel du Hautmont qui crée et accompagne des initiatives de lien social au cœur de la transformation écologique.

♦ Le centre d'étude et d'action sociale CEAS de la Pévèle, avec son potager participatif.

Étrangers, migrants et réfugiés

Les pastorales de la migration, des diocèses de Lille, Arras et Cambrai ont organisé hier après-midi Festi-migrants avec un forum des associations et une table ronde sur cette question.

♦ Agir en Weppes, qui accueille des familles de réfugiés depuis environ 5 ans. Elle nous a montré comment une action initiée par un couple sensibilisé s'est transformée en association qui a permis d'accueillir une centaine de personnes venant d'Irak.

♦ Le Valdocco, avec les sœurs salésiennes dans le quartier de Lille-sud, une association pour recréer du lien social dans ce quartier à travers l'aide aux devoirs et le renouveau du patronage.

♦ On pourrait ajouter une paroisse de notre diocèse qui a créé un béguinage de la Fraternité dans un presbytère paroissial où se déroulaient encore des activités de catéchèse et d'accueil paroissial et de préparations aux sacrements ; ce béguinage accueille maintenant une famille Rom et une famille de réfugiés irakiens. Ce sont trente à quarante personnes qui ont suivi depuis six ou sept ans ces deux familles. Je cite cette paroisse particulière parce que l'accueil de ces deux familles bien différentes dans la même maison est un peu atypique, mais beaucoup d'autres paroisses ont vécu de tels accueils.

♦ À Lille, par exemple, l'accueil des Mineurs non accompagnés est porté par la Pastorale des migrants et une dizaine de paroisses à tour de rôle, protestants et évangéliques.

Familles

♦ À la suite des deux synodes sur la famille (2014 et 2015) convoqués par le pape François, le texte *Amoris Lætitia* a engendré la création de Maisons d'Église ou de Maisons des familles, lieux d'accueil pour des familles en recherche d'aide, d'accompagnement, dans ce diocèse à Lille – quartier Humanicité, éco-quartier dont il a été question aussi – à Roubaix, à Villeneuve d'Ascq, à Dunkerque. Elles sont vouées à l'accompagnement et l'accueil de familles.

◆ Les mouvements scouts travaillent aussi beaucoup sur ces thématiques d'intégration, de liens à développer, de société à bâtir, d'avenir : ils sont plutôt florissants en cette époque et peuvent laisser bien augurer de la part des jeunes dans cette dynamique.

Interreligieux

◆ Depuis des années existe à Roubaix une association, d'initiative citoyenne, sous le nom de « Roubaix-espérance », qui rassemble des personnes et des responsables de religions différentes et d'engagements sociaux, associatifs, philosophiques variés, pour une connaissance mutuelle et un partage d'initiatives solidaires et favorables au lien social.

◆ Depuis trois ans, un rassemblement annuel, « Ensemble avec Marie », réunit des chrétiens et des musulmans au moment de la fête de l'Annonciation, à l'instar de ce qui se passe au Liban depuis une quinzaine d'années lors de cette fête mariale qui unit volontiers chrétiens et musulmans.

Tout cela, je le crois, est peut-être mal connu du grand public, mais se voit dans les quartiers. Et, je dois le dire, est en général assez bien connu des responsables politiques.

Extrapolation à partir d'un exemple

Est-il possible d'aller au-delà du simple expérimental, local ? Nous, chrétiens, ne sommes évidemment plus cette minorité de blocage, que Jérôme Fourquet rappelait hier matin, qui existait au début des années 1960. Et donc les pratiques que nous pouvons mettre en avant n'ont pas la visibilité et l'impact qu'elles auraient eues il y a 60 ans. Par ailleurs, quand on représente 35 % d'une population, on peut rester aisément entre soi, on a forcément sous la main tous les instruments d'une vie sociale complète. Quand on représente 5 % (les catholiques pratiquants), on sent davantage le besoin de sortir de son groupe, on a davantage besoin de recourir aux compétences des autres, sauf à penser que la seule richesse est entre soi et à préférer disparaître, ou devenir insignifiants.

De sorte que Jean Vanier disait, à propos de la dynamique de l'Arche – 154 communautés sur les 5 continents, 37 pays, 10 000 membres – que « small is beautiful ». Il signifiait par là que le nombre n'importe pas tant que cela, mais que cela n'empêche pas de porter du fruit. De fait, l'intuition du compagnonnage entre des personnes avec un handicap et des volontaires accompagnants a déjà été capable de susciter, sur ce modèle, d'autres formes de convivialité, de colocation entre des bénévoles et des personnes à la rue, ou des femmes rejetées de leur famille, femmes seules enceintes ou avec enfant, ou des personnes cérébraux-lésées, ou des personnes malades psychiques, et de plus en plus avec des personnes ou familles migrantes, ou réfugiées. Je citerais, entre autres, *Lazare, Marthe et Marie, Simon de Cyrène*.

D'autre part, il ne faut pas exclure que la sensibilité plus grande de nos sociétés à ces diverses exclusions vient aussi de cette forme nouvelle d'accueil inaugurée par Jean Vanier à partir de 1964. Non seulement les personnes handicapées peuvent être prises en charge dans la société, mais elles peuvent aussi être utiles à la société. L'Arche cherche désormais à ne pas vivre seulement une dynamique associative, mais à devenir une entreprise produisant du bien pour la société : le travail produit par les personnes handicapées apporte une valeur spécifique à reconnaître comme telle. Ajoutons encore que l'Arche, très peu de temps après sa fondation en France (5 ans), s'est exportée à l'étranger, en Inde, pour une première implantation. D'origine catholique, elle a donc été immédiatement confrontée à une question devenue désormais habituelle : quel sera le statut de la religion chrétienne et d'une communauté catholique dans cette réalité nouvelle de la rencontre des religions ? Ce n'est pas le lieu d'expliquer comment cette question est traitée dans les instances de gouvernance de l'Arche, mais je pointe ce sujet, parce qu'il a trait au lien social qui peut être soit mis à mal, soit au contraire valorisé par le fait interreligieux.

Xavier Bertrand[1]

Il sera certainement plus facile, par les temps qui courent, de faire partager une inquiétude qu'une espérance. Je voudrais revenir sur le constat, l'inquiétude qui est mienne, et peut-être les façons de sortir du constat pour revenir au projet. Nous sommes très différents, mais peut-être que dans mes propos en tant qu'homme politique, de droite, d'une droite gaulliste et sociale, vous ne trouverez pas les différences que nous aurions pu nous attendre à trouver il y a quelques mois ou quelques années.

Premier constat : la crise politique, la crise de confiance est terrible, comme rarement. Elle atteint des niveaux très élevés et pas seulement en France. Je voudrais revenir sur les propos tenus auparavant. Je ne suis pas anti-élite. Nous avons besoin des élites, intellectuelles, culturelles, économiques, politiques. Le fond du problème, au-delà de la constitution des équipes, est la déconnexion des élites. Je ne voudrais pas me tromper car le populisme n'est une voie pour personne et nulle part. Il ne faut pas tomber dans un discours anti-élite.

Le deuxième constat est que les mutations que nous allons continuer à connaître sont terribles, notamment la révolution du numérique dont nous n'avons encore pas vu grand-chose et qui aura des conséquences importantes sur le lien social mais aussi sur la relation au travail. Si nous ne prenons pas garde, nous aurons des sociétés sans travail et donc sans travailleurs. Il faudra m'expliquer comment on fait !

---

[1]   Xavier Bertrand est président de la région Hauts-de-France.

D'autre part, l'urgence climatique qui n'est en rien une fable ni un effet de mode. C'est un sujet que l'on connaît depuis longtemps, mais force est de constater que cela ne figurait pas en haut des agendas des politiques. Je fais partie de ceux qui ne veulent pas ironiser sur la jeune Greta Thunberg, même si on peut penser qu'il y a des fils invisibles derrière elle. Les jeunes disent à leurs parents et grands-parents : « Vous êtes des égoïstes, vous n'avez jamais rangé vos poubelles et nous devons grandir au milieu de ces poubelles. » La question n'est pas seulement la place et la part de la nature, c'est l'humanité sur cette terre qui est le fond du problème.

Enfin une crise des inégalités qui ne cesse de s'accroître, avec une différence. Pendant bien longtemps, on a défendu, vous avez défendu la cause des invisibles, mais ils n'étaient pas représentés sur les ronds-points, ils n'ont pas participé au grand débat et leur nombre ne cesse de croître. Au-delà des plans, même menés avec sincérité, nous voyons pertinemment qu'au niveau national, c'est compliqué d'agir. Qui est le plus à même d'agir et d'être efficace ? Le national ou le local ? Est-ce le public ou de nouveaux partenariats, en lien avec la société civile, les associations et les citoyens ? Cette crise des inégalités ne touche pas que ceux sont, qui ont peu, mais aussi ceux qui travaillent. Quand vous avez des salariés qui n'arrivent plus à s'en sortir, vous êtes dans un pays qui va dans le mur. Encore une fois, pas uniquement en France. Vous pouvez faire une extrapolation géographique avec le Brexit.

Pourquoi l'enjeu serait-il plus dramatique aujourd'hui qu'hier ? Parce que les peuples ont compris qu'ils pouvaient mettre un terme à cet ordre mal établi : soit par les élections en votant pour les extrêmes, soit par la contestation quand ce n'est pas une forme de légitimation de la violence. Ceux qui étaient si loin de tout et qui avaient si peu ont longtemps pensé que, parce qu'ils avaient peu, ils avaient peu de moyens d'agir. Mais à partir du moment où les catégories populaires et les classes moyennes s'autorisent à se servir du jeu démocratique, si ce jeu démocratique présente des limites, c'est la contestation et la violence qui peuvent l'emporter. J'avancerai l'idée que derrière cela, au-delà des conditions qui sont les leurs, c'est la question fondamentale de leurs enfants et leurs petits-enfants qui se pose. Ils ne veulent pas que leur descendance vive les mêmes difficultés qu'eux, sans oublier le phénomène du déclassement. Vous ne pouvez pas mettre de côté le fait qu'en France il faut six générations pour changer de catégorie sociale (à la hausse). Il n'y a que la Hongrie qui soit plus mal placée que nous, avec sept générations. C'est d'autant plus choquant que cela n'a pas toujours été le cas. Il fut des époques où changer de catégorie sociale (au-delà de l'origine sociale, de l'éducation, de la formation) était beaucoup plus facile. C'est l'un des fondamentaux du malaise français.

Je voudrais vous proposer une forme de double lecture. Si nous voulons reconnecter les Français à un projet qui ait du sens et qui redonne confiance, cela passe en premier lieu par une dimension matérielle. Vous pouvez parler de la fin du monde ou des perspectives, vous ne serez pas écoutés si vous n'avez pas de réponses concrètes aux difficultés de fin de mois. Je ne déconnecte pas l'un de l'autre. Il faut d'abord aider concrètement, en termes de pouvoir d'achat et de niveau de vie, nos concitoyens. Nous avons besoin de premiers de cordée, mais ils ne sont pas prioritaires. La priorité est de reconnecter la société, de retisser des liens qui ne soient pas si invisibles que cela.

J'en parle, mais qu'est-ce que je fais ? Le conseil régional est investi de trois compétences selon la loi NOTRe (loi pour une nouvelle organisation territoriale de la République : l'économie, l'emploi et la formation, les transports et les lycées). Mais même si je ne suis pas l'État, il y a possibilité de retisser des liens. Quand j'ai décidé de mettre en place une aide au transport, en prenant en charge une partie des frais assumés par les salariés modestes gagnant moins de deux Smic, c'est une façon de ne plus être dans le discours sur la valeur travail mais d'aider concrètement. Nous faisons la même chose concernant la garde d'enfants de ceux qui travaillent. Quand nous mettons des voitures, pour 2 € par jour, à disposition des chômeurs qui n'en ont plus et qui en ont besoin pour trouver du travail, c'est aussi une façon de reconnecter et de tendre la main. Même chose avec Proch'emploi, grâce auquel plus de 15 000 personnes sont sorties du chômage, et avec les formations. Est-ce vraiment le rôle d'un président de région que d'apporter des aides de 20-30 €, notamment pour les familles monoparentales ? On pourra me dire que mon rôle est plutôt de préparer l'avenir de la région, ce que je fais, mais sans toujours être audible. Quand je me bats pour le canal Seine-Nord-Europe, d'un montant de 5 milliards d'euros, synonyme de 30 000 emplois, personne n'y croit parce que ce n'est pas encore concret. Si vous n'aidez pas à faire face aux difficultés de fin de mois, vous n'êtes pas audible et pas légitime pour parler de la suite. Vous ne pouvez pas envisager l'un sans l'autre. Nous avons un budget de 3,4 milliards et des contraintes budgétaires, il y a une possibilité, des chemins. Le slogan « quand on veut, on peut » peut sembler réducteur, mais si je n'avais pas la possibilité d'agir, je ne serais plus dans l'engagement politique mais dans l'associatif probablement. J'essaie de réveiller ceux qui nous dirigent, à différents niveaux, de façon à indiquer que nous sommes dans une course de vitesse mais que c'est possible. L'avantage dans l'action publique, et pas seulement politique, c'est que, même quand il est tard, il n'est jamais trop tard. Cela demande simplement plus d'énergie, de moyens, d'innovation. C'est pourquoi bien souvent, dans les élections, les Français choisissent toujours l'espérance, la perspective, pour eux, mais surtout pour leurs enfants et petits-enfants.

Nous devons trouver les biais par l'innovation, par une approche peut-être moins césarienne, jupitérienne et verticale. Quand j'étais ministre, j'avais tendance à vouloir bousculer les choses. Mais cet adage qui dit qu'il y en a plus dans deux têtes que dans une n'est pas une fable et cela permet de s'améliorer. Je ne suis peut-être pas le responsable ayant l'image la plus verte de la planète politique mais, quand vous avez des enfants, vous comprenez. Vous comprenez qu'il faut agir vite, vous essayez juste de déterminer comment vous pouvez être le plus efficace. Redonner du sens, en n'oubliant pas que si nous vivons cette perte de sens, ce n'est pas uniquement en raison des difficultés matérielles, mais parce que nous avons perdu sur la question de la transmission, autrefois assurée par les familles, les parents, les grands-parents. Je suis persuadé que nous devrions mieux faire la différence entre l'instruction, qui est l'affaire de l'école, et l'éducation, qui est l'affaire de la famille. On a tendance à faire une confusion des genres bien regrettable. Il faudrait que des institutions aient davantage leur place. Nous ne réussirons pas si nous ne plaçons pas nombre de familles face à leurs responsabilités, même si certaines doivent être aidées.

C'est aussi partager ce qu'ont été des gloires passées et des douleurs passées. Nous avons un problème pour assumer notre histoire et y faire face. Sur l'océan de la mondialisation, il n'y a pas que le bateau anglo-saxon qui s'en sortira. Certains ne croient qu'à ce bateau parce qu'il est plus agile sur l'océan de la mondialisation, mais il emporte beaucoup moins de monde. J'ai la faiblesse de croire au modèle français, qui est le fruit des Lumières et aussi de ce qu'a été le Conseil national de la résistance à une époque où on savait parler et incarner l'intérêt général, ainsi que l'intérêt national. Au-delà des différences, il convient de s'appuyer sur les fondations de quelque chose de très important qui s'appelle la maison France, et de voir quelle place les Français peuvent occuper à l'intérieur. Ce modèle peut être soutenable financièrement, contrairement à ce que certains disent, mais il ne faut pas oublier que derrière cela, la devise républicaine, certes écrite sur les frontons de toutes les mairies, est trop virtuelle pour nombre de nos concitoyens. Je suis à la tête d'une région où j'ai Lille qui va plutôt bien mais aussi Maubeuge qui va moins bien. Je suis le président de tous et je n'ai pas à choisir. C'est ce modèle français qui peut, à mon avis, redonner du sens et restituer la confiance.

CLEMENS LADENBURGER[1]

Vous m'avez demandé un petit clin d'œil allemand, un rapport d'étonnement. Je veux rendre avant tout un rapport de gratitude et de convergence, gratitude pour cette journée que j'ai vécue avec vous, qui s'insère dans le contexte de plus de 15 ans de collaboration et de complicité entre les Semaines sociales et le Comité central des catholiques allemands dont je suis membre. Je me suis mis à l'écoute tout au long de la journée, depuis la messe et deux des tables inspirantes auxquelles j'ai participé. Je veux exprimer ma gratitude pour ce chemin que nous faisons ensemble. Je me permets une petite parenthèse. Vous savez peut-être que les catholiques en Allemagne entament maintenant le chemin synodal que nous allons ensemble, évêques et laïcs, organiser. Nous aurons besoin de votre constante attention, de votre suivi et de vos prières pour ce chemin, qui est nécessaire pour l'Église en Allemagne, mais qui

---

[1]   Clemens Ladenburger est membre du ZdK (Comité central des catholiques allemands).

peut peut-être porter fruit au-delà de l'Église allemande. Je me réjouis d'avoir appris aujourd'hui qu'il y a une perspective d'avoir vos représentants comme observateurs dans ce chemin.

Etonnement ou convergence ? Sur un plan superficiel, je pourrais venir avec quelques étonnements depuis l'Allemagne, à commencer par ce qui s'est passé après l'incendie de Notre-Dame, cette réaction des Français. Nous nous sommes demandé quel bâtiment en Allemagne pourrait brûler et susciter la même réaction. Nous avons eu tout au long de cette année quelques étonnements avec la crise des gilets jaunes, car nous n'avons pas vécu une crise de défiance comparable vis-à-vis d'un système politique. Les Allemands sentent probablement moins fort la déconnexion des élites. Sur un plan superficiel, l'Allemagne a vécu 10 ans de prospérité, des centaines de milliers de postes de travail ont été créés, il n'y a pas de problème de chômage, mais c'est la superficie.

Avec les tables inspirantes, j'ai découvert vos discussions sur ces travailleurs du soin, leurs souffrances, leurs problèmes. Au Comité central, nous avons récemment fait un rapport à ce sujet, les soins en Allemagne, avec des recommandations concrètes similaires à ce qui a été évoqué ce matin. J'ai aussi assisté à une table inspirante sur le système d'éducation. Même si on dit du bien du système allemand, il n'en reste pas moins qu'il ne parvient pas à surmonter les inégalités dans la société. Dernier point : il nous reste un défi qui nous durera encore de longues années, c'est la fracture entre l'Est et l'Ouest de notre pays. Il y a certainement le sentiment répandu à l'Est de ne pas être pris complètement au sérieux. La chancelière Merkel soulignait elle-même qu'il faudrait peut-être 50 ans pour surmonter le fossé. On se rend compte petit à petit des raisons profondes, culturelles, économiques, le dépaysement dans certaines régions de l'est, l'exode massif, mais aussi les différences culturelles, la méfiance implantée chez beaucoup de nos compatriotes vis-à-vis de tout ce ce qui est média, opinion publique. Cela peut nous enseigner quelque chose sur comment nous allons vivre ensemble en Europe plus globalement, entre « anciens » et « nouveaux » Etats membres de l'Union européenne, parce que les phénomènes sont similaires.

Pour conclure, j'ai beaucoup aimé ce que Nathalie Sarthou-Lajus a dit sur le devoir de considération, de tolérance. Notre ancien président de la République vient de publier un livre, *Tolérance, simplement difficile*, où il traite précisément de ce sujet. Effectivement, nous essayons d'avoir plus de tolérance dans la société, mais nous n'avons pas nécessairement plus de tolérance à l'intérieur de nos groupes respectifs. Entre autres, l'Église peut être un lieu où pratiquer et garder la tolérance dans une communauté qui rassemble des hommes et des femmes venant de groupes très différents. Cela me ramène au chemin synodal. Nous devons faire l'effort de garder ou de regagner la tolérance entre nous-mêmes, les catholiques en Allemagne, pour pouvoir porter à nouveau un message d'espoir et d'aide à la société. constructive à la société.

Envoi

DOMINIQUE QUINIO

Notre rencontre prend fin, mais, comme je peux le dire au terme de chacune de nos sessions, rien ne s'achève aujourd'hui. Simplement – et c'est déjà beaucoup – nous avons repris des forces pour résister au découragement et emmagasiné des ressources pour agir, pour mieux participer à la transformation du monde, et pour nous transformer nous-mêmes.

Nous avons appris beaucoup de choses durant ces deux jours, et, dans les mois précédents, lors des différentes rencontres régionales organisées par les antennes des Semaines Sociales, sur l'état de notre pays ; nous avons entendu le témoignage de tant d'initiatives qui redessinent la carte des relations humaines. Nous avons même questionné le titre de notre rencontre : s'agit-il de re-faire société ou simplement de faire société, une société plus inclusive ?

Nous avons dressé le diagnostic de ce qui ne va pas dans notre pays et au-delà ; nous avons examiné la palette des solutions locales et concrètes possibles, dont beaucoup sont issues, explicitement ou implicitement, de l'engagement de chrétiens dans la cité : Mgr Ulrich l'a souligné en relevant la variété des initiatives. Mais aussi grâce à la présence de nombreuses associations et communautés partenaires. Grâce également à votre participation active.

Mais la bonne volonté, la créativité de chacun ne suffit pas, si les personnes qui ont du pouvoir, de l'influence, des moyens d'agir ne partagent pas cette volonté de redonner à nos concitoyens l'envie de vivre ensemble. Les responsables politiques, économiques, les femmes et les hommes de culture, les chefs d'entreprises, les syndicats, les associations, les communautés religieuses, l'école, les intellectuels, les médias ont cette responsabilité. « Car il faut des institutions, écrivait le philosophe

Frédéric Worms, dans la Lettre des SSF d'octobre 2019, qui, au-delà du fait social, prennent soin des pathologies de cette société, de ses déliaisons, mais aussi de ses humiliations et surtout de ses conflits. » C'est leur boulot, le boulot de ces élites, de comprendre ce qui se passe sur le terrain, a dit vertement Jerôme Fourquet, effaré par l'état d'ignorance de certains interlocuteurs. Ces élites qui vivent parfois « en touristes », dans leur propre pays. Les élites sont utiles, a réagi Xavier Bertrand, président de la région des Hauts de France, mais le problème c'est leur déconnexion du réel.

Même si les responsables prennent conscience des fractures de notre pays, cela ne rend pas l'acte de gouverner plus facile : du concept de nation une et indivisible, nous sommes passés – très rapidement – à une nation multiple et divisée, a résumé Jerôme Fourquet, en politologue averti.

Dans les ateliers et à l'écoute des Tables inspirantes, vous avez relevé les failles, vous avez identifié les solutions qui marchent, vous en avez imaginé d'autres. Il serait bon d'approfondir ces thématiques, tout au long de l'année (année des élections municipales, rappelons-le), pour proposer des pistes d'action et interpeller les décideurs sur ces propositions. Nous le ferons, en novembre 2020, quand nous nous rassemblerons à nouveau – ce sera cette fois au Palais des congrès de Versailles.

Car nous avons conscience de la particulière responsabilité politique dans cette nécessité de refaire société ; nous avons besoin de la puissance publique pour s'attaquer aux problèmes et de la mobilisation de toutes les institutions. En même temps, nous avons la conviction que chaque citoyen doit pourvoir être écouté, respecté, mis à contribution. À commencer par le plus démuni et le plus fragile. Claire Hédon, présidente d'ATD Quart monde, a insisté sur cette nécessaire participation des pauvres, citant l'exemple d'une vaste étude internationale sur la pauvreté menée avec des universitaires et des personnes en précarité, les uns et les autres devenant « co-chercheurs ».

Ainsi parle le pape François dans *Laudato si'* : « Rappelons le principe de subsidiarité qui libère le développement des capacités à tous les niveaux, mais qui exige en même temps plus de responsabilité pour le bien commun de la part de celui qui détient plus de pouvoir. » Plus de responsabilité pour celui qui a plus de pouvoir ! Pierre Giorgini, pour sa part, a plaidé pour une co-élaboration de projets et de décisions, intégrant le temps de la maturation et de la discussion, comme pour les expériences de Territoires zéro chômeurs dont Claire Hédon a souligné l'intérêt.

À la suite d'un colloque organisé à Paris en décembre dernier pour l'anniversaire de la Déclaration des droits de l'homme de 1948, les organisateurs, dont nous étions, avec notamment Pax Christi et Justice et paix, avaient produit un texte qui s'intitulait « La pensée sociale, une ressource pour aujourd'hui » (le mouvement des « gilets jaunes » battait son plein) : « Les actions violentes et médiatisées sont perçues comme les seules permettant d'obtenir des réponses. Cette violence détruit le pacte démocratique. Le lien social ne sera pas retissé par la mise à mort d'un bouc émissaire. Il faut construire une démocratie plus participative, locale et nationale, une économie qui tienne compte de tous et de l'avenir de la planète et surtout doit reconnaître la dignité de chacun.»

Dès lors, la consommation ne saurait être le but de nos vies. Bernard Perret l'a redit : il nous faut réinventer le progrès social, avec une conception moins matérialiste du bien-être. Mais, en responsable politique, Xavier Bertrand a rappelé la nécessité de proposer des aides concrètes pour faciliter les « fins de mois ».« Moins de biens, plus de liens » pouvait-on lire tout récemment sur un mur de post-it à l'occasion de l'Assemblée générale des évêques de France qui avait planché sur la question écologique avec de nombreux laïcs. Coïncidence, ou plutôt convergence.

La dernière table-ronde en fut l'illustration : au-delà des questions concrètes qui appellent des réponses économico-sociales, comme une amélioration des mécanismes de protection et de solidarité, se manifeste une quête de sens à donner à nos vies d' « associés » (selon les mots de Frédéric Worms), citoyens d'un même pays, une aspiration à une émotion commune, à l'ouverture vers les autres, à la paix, contre la violence et toute forme de repli sur soi. Associés, dit Frédéric Worms, co-propriétaires responsables, a proposé Bernard Perret.

Les réponses ne peuvent être donc isolées, elles doivent être globales, intégrales, a souligné la théologienne Dominique Coatanéa, en rappelant l'un les critères de discernement proposés par le pape : « Le tout est supérieur à la partie. » La culture écologique « devrait être un regard différent, une pensée, une politique, un programme éducatif, un style de vie et une spiritualité qui constitueraient une résistance face à l'avancée du paradigme technocratique », est-il écrit dans *Laudato si'*. Une politique totale, en somme.

Des échanges de ces journées et des rencontres qui les ont précédées, je retiendrai – en une lecture forcément partielle et subjective – trois axes de réflexion qui pourraient nous aider à comprendre comment recréer des liens dans notre société.

L'importance du dialogue, du débat, dans notre société plurielle et fragmentée. Une conversation « cordiale » avec le monde, a proposé Dominique Coatanéa, en se référant à *Gaudium et Spes*, une conversation « hospitalière à l'altérité », selon le « style » de Jésus. Une phrase entendue durant le spectacle proposé par l'association Magdala, réalisé à partir de paroles de personnes ayant vécu l'expérience de la rue, résonne avec cette invitation : « Ayons le goût de la différence de l'autre. » Et la philosophe Nathalie Sarthou-Lajus, souhaitant que soit revitalisé l'exercice de la « disputatio », nous demande de ne pas fuir les conflits, de faire vivre le dissensus, déplorant que non seulement, le pays soit divisé en îlots, mais qu'à l'intérieur de chaque îlot, il ne soit pas fait droit à la diversité.

Deuxième remarque transversale qui est une illustration de l'expression chère au pape « Tout est lié ». Fut martelé bien sûr que la préoccupation environnementale ne peut se penser sans la justice sociale. En outre, un paradoxe, qui n'est qu'apparent, nous montre comment, pour recréer du lien, il faut tout à la fois faire de l'individuel, du cousu main, au plus près des personnes, mais aussi ouvrir au collectif, à l'universel. La rencontre dans les locaux de Marthe et Marie avec l'Abej nous l'a fait toucher du doigt. La priorité est de travailler avec les personnes en état de précarité un projet de vie, aussi modeste soit-il, le mot projet pouvant être intimidant, mais il faut toujours essayer d'ouvrir la personne à l'autre, au collectif. Les acteurs de Magdala l'ont merveilleusement traduit. Eux qui expliquent combien la vie dans la rue « a détruit leurs entrailles » apprennent dans leur cœur et dans leur chair que « la fraternité est un puissant moteur pour se reconstruire ». Fraternité, ce mot trop négligé de notre devise républicaine, a déploré Xavier Bertrand. « Retrouver des localités signifiantes, actives, efficaces mais qui soient en même temps branchées sur le reste du monde », proposait de son côté Pierre Giorgini.

Enfin, le moment que nous vivons est une occasion. Comme toute crise, celle que traverse notre pays est une occasion d'opérer des choix. Elle doit d'abord nous imposer un exercice de lucidité, Bernard Perret nous l'a rappelé : regarder en face les risques encourus. Pierre Giorgini a parlé de « vertiges catastrophiques » (scientifique, temporel, spatial). Xavier Bertrand a exprimé son inquiétude devant la très profonde méfiance à l'égard des politiques et des instituions. L'urgence écologique exigerait une solution mondiale et coopérative, une « démocratie des communs », mais nous n'en prenons pas le chemin. Que faire devant la prédiction de fin du monde (quel jour, à quelle heure, a ironisé le président recteur de la Catho) ? Se désespérer, baisser les bras ?

Nous pouvons plutôt décider que les catastrophes sont des moments de transformations profondes, de nouveaux commencements. Bernard Perret, proposant de revisiter la signification de l'Apocalypse, a rappelé cette phrase de Bergson prononcée avant le début de la guerre : « Nous ne savons pas ce dont nous sommes capables. » En mal, mais en bien aussi. Restons ouverts à l'inattendu, à l'imprévisible, à l'inouï. À ce que Paul Ricœur appelait « la passion du possible ».

Mgr Laurent Ulrich, dans son homélie, en écho aux textes du jour, invitait à continuer de travailler et de nous engager. Nathalie Sarthou-Lajus souhaitait, pour redonner sens et confiance à la société, une utopie commune (certains se demandent si l'écologie ne pouvait pas être cet horizon mobilisateur, notamment pour les jeunes générations). Il n'est jamais trop tard pour agir, commentait pour sa part Xavier Bertrand. Persévérance, disait l'Évangile de Luc en ce dimanche.

Confiance, espérance. « Puiser à cette source vivante qu'est la Pensée sociale de l'Église, c'est apporter en croyants, en dialogue avec d'autres, une contribution capable d'ouvrir des chemins d'espérance », disait le texte de l'anniversaire de la Déclaration des droits de l'Homme. Une telle contribution, tout au long de son histoire, notre association a voulu l'offrir à la société dans laquelle nous vivons. C'est ce que nous vous avons proposé aujourd'hui et vous proposerons encore. Non pas la réponse à tous les maux, mais notre part de travail au service du bien de tous.

Homélie[1]

Mgr Laurent Ulrich, archevêque de Lille

Lectures : Malachie 3, 19-20a ; Psaume 97(98) ; 2 Thessaloniciens 3, 7-12 ; Luc 21 5, 19

Le livre de Malachie est écrit au milieu du Vᵉ siècle avant Jésus-Christ, il est postérieur d'un siècle, environ, au retour de l'exil à Babylone. Il annonce de nouveau des malheurs, à cause des arrogants et des révoltés. Mais pour ceux qui sont fidèles et justes, c'est déjà le salut, la paix, la guérison, la fin des maux. À cette époque, on n'a pas encore l'idée d'une vie éternelle, une vie nouvelle après la mort : on s'en tient au bonheur promis par Dieu aux croyants sur cette terre.

Les Évangiles reprennent ces descriptions des malheurs des temps. Aujourd'hui, on sait bien qu'il s'agit moins d'événements exceptionnels avant la fin du monde que d'événements violents qui parsèment la vie du monde en permanence. Que des temples, des palais, des églises soient régulièrement détruits par les tremblements de terre, les guerres et les incendies n'est pas fait pour nous surprendre.

Et les descriptions que nous avons entendues hier (Jérôme Fourquet, Bernard Perret) confirment ce que nous voyons : nous changeons de monde, cela peut nous catastropher, nous inquiéter, et angoisser beaucoup de nos contemporains qui ne savent plus à qui se fier, à quoi se raccrocher, mais c'est ce qui nous arrive : se lamenter ne sert à rien ! Et nous recevons ici trois indications précieuses, pour vivre en ce temps troublé :

Des faux prophètes sévissent toujours, s'arrogent une autorité illusoire, cherchent à égarer, à tirer profit pour eux, et certains même au nom de Jésus : « N'en croyez rien, dit Jésus ! Ne marchez pas derrière eux. » La question n'est pas de jouer au plus malin, au mieux informé, à l'analyste le plus avisé, au prévisionniste le plus convaincant, à celui qui fournira les meilleures solutions sociétales, même s'il faut bien chercher des voies nouvelles.

Le moment où nous sommes toujours, c'est celui d'une lutte intérieure, d'une confiance maintenue dans le nom de Jésus, d'une persévérance dans la foi au Dieu qui sauve, qui donne la vie et la joie. Alors, c'est pour nous l'occasion de donner le témoignage de la confiance dans la parole de vie : donner sa vie, se donner aux autres, témoigner sans crainte, demeurer fidèle : voilà ce qui compte, et qui construit quelque chose de durable. N'ayez pas peur : « C'est par votre persévérance que vous garderez votre vie ! »

---

[1] 17 novembre 2019. Messe à la chapelle universitaire de la Catho de Lille.

Et la liturgie du jour nous ajoute ces mots de l'apôtre Paul : continuez de faire ce que vous avez à faire, travaillez sans désemparer au bien et dans ce monde à construire, mais dans le calme et la simplicité ; occupez-vous des autres, ne pesez pas sur eux, faites du bien, cherchez ce qui sera le meilleur pour ce monde en transformation !

Que ce soit bien cela que nous cherchons à faire au cours de cette rencontre des Semaines sociales. Que le Seigneur nous permette de vivre ce temps ensemble, donnés à Lui et à nos frères.

Sélection d'entretiens parus dans le journal *La Croix*

« Accepter de vivre ensemble sans lisser les diversités »

Rendez-vous annuel des acteurs du christianisme social, les semaines sociales du 16 et 17 novembre à Lille ont pour thème : « Refaire société. Comment inventer des liens dans une France fracturée ? » Dominique Quinio, présidente de ces rencontres, analyse cette réalité sociale.

– La Croix : La crise des gilets jaunes a mis chacun devant le constat d'une France fracturée. Est-ce pour cela que vous avez choisi le thème de « refaire société » ?

Dominique Quinio : Nous avions choisi ce thème avant que la crise des gilets jaunes n'éclate. S'il a été dernièrement vivifié, l'idée que la France est très fracturée tant au niveau social, économique que culturel n'est pas nouvelle. Avant, beaucoup de corps intermédiaires comme les syndicats, les partis politiques, la famille ou encore les communautés religieuses faisaient du lien entre les citoyens. Or, la société est devenue plus individualiste. Le repère que constituaient ces intermédiaires a été bouleversé. Il nous est apparu que la notion de « faire société » s'était complexifiée. Cela ne signifie pas non plus qu'il faut tendre vers une société uniformisée. Tout l'enjeu est de parvenir à bien vivre ensemble en maintenant le pluralisme et les oppositions. Nous avons donc voulu travailler sur le sujet pour établir un diagnostic et donner des pistes d'actions concrètes, notamment aux institutions.

– Que peut apporter le christianisme social à cette société fracturée ?

D.Q. : Le christianisme est un rêve de fraternité. Le souci du bien commun et de la dignité de chaque personne est au coeur de la spiritualité chrétienne. Or, l'urgence actuelle est bien de faire coexister riches et pauvres, faibles et forts. Il faut que chacun trouve des solutions, à son niveau. Rien ne peut fonctionner sans un principe de subsidiarité. Tout ne doit plus venir d'en haut. Inverser ce schéma, cela prend du temps.

Dans sa manière de raisonner, le christianisme social peut aider à briser ces forteresses. Quand je vois certains jeunes chrétiens s'engager, de manière radicale et enthousiaste auprès des plus démunis, quel acte de foi ! On sent que la volonté de créer du lien est forte. Mais il est aussi très important que l'action soit accompagnée d'une réflexion plus profonde. Les semaines sociales permettent de prendre du recul sur la complexité des situations d'exclusion. Lille est une terre très fertile en imagination sociale, c'est d'ailleurs là où sont nées ces rencontres, en 1904.

- Elle-même fracturée par des scandales internes, la voix de l'Église est-elle encore audible pour participer à la reconstruction de la société ?

D.Q. : Il est évident que des soupçons de crédibilité pèsent sur l'Église, notamment sur les questions de bioéthiques et de morale mais elle reste un acteur majeur de l'action sociale. On le voit bien avec le rapport annuel du Secours catholique sur la pauvreté. L'enseignement catholique, le scoutisme… Tous ces lieux de frottement entre l'Église et la société restent audibles. La résonance, au-delà des communautés catholiques, de l'encyclique Laudato si' du pape François de 2015, est une autre preuve. Nous devons continuer à être ce que nous sommes, sans arrogance, et porter le message évangélique. J'aime citer le prieur de la communauté italienne de Bose, Enzo Bianchi, qui, lors du synode de la famille, parlait d'une Église « éclairante et pas éblouissante ». Elle résume le rôle que devraient jouer les chrétiens.

Recueilli par Guillemette de Préval
le 27/10/2019

Il faut changer notre « imaginaire social »

Comment inventer des liens dans une France fracturée ? Le point de vue de Bernard Perret, socio-économiste et essayiste[1].

La France est travaillée par de multiples fractures. On pense d'abord au mouvement des Gilets jaunes, qui a mis en évidence le décrochage des classes moyennes inférieures dans les zones rurales. Tout un monde d'artisans, de retraités, d'employés, d'agriculteurs qui se sent oublié et méprisé. Mais il faut surtout penser à l'extrême pauvreté, au problème des banlieues, à celui de l'inégal accès aux services publics, sans parler de la fracture numérique. Tout cela dessine un panorama complexe, à plusieurs dimensions. S'il fallait trouver une unité à tous ces phénomènes, je dirai que l'on assiste à une crise de l'intégration par le travail et le développement économique. Ce qui, hier, permettait de faire fonctionner l'ascenseur social et de créer des solidarités collectives ne fonctionne plus, ou mal. Sous l'effet de la mondialisation, de l'essor particulier de l'économie numérique et des services, on voit ainsi se développer des formes de travail qui favorisent l'isolement, la fragmentation, la précarité, les inégalités. Or, une partie seulement de ces réalités se reflètent dans les statistiques. Les données indiquent un creusement modéré des inégalités de revenus et une augmentation du taux de pauvreté depuis les années 2000. Mais ces chiffres ne disent rien des difficultés concrètes que rencontrent les Français face, par exemple, à l'inégal accès à des services publics de qualité ou à la distance au travail. Du coup, l'une des grandes erreurs des politiques sociales est

---

[1] Dernier ouvrage paru : *Penser la foi chrétienne après René Girard*, Éditions Ad Solem, 2018, 330 pages, 19,90 €.

de raisonner exclusivement en termes de redistribution monétaire en négligeant ces autres aspects.

Entendons-nous bien : la redistribution joue un rôle important dans la réduction des inégalités. La fiscalité aussi, en ce qu'elle permet notamment de limiter la perpétuation de ces inégalités au cours des générations. Ce sont là deux outils puissants et efficaces pour maintenir le lien social. Mais ce ne sont pas les seuls leviers à actionner. Redonner une place aux corps intermédiaires – syndicats, associations – qui contribuent fortement à intégrer est essentiel. À ce titre, on peut reprocher au président Macron d'avoir largement sous-estimé l'importance des médiations : on ne peut pas adapter la société au capitalisme mondialisé sans y associer les gens et les organisations qui les représentent.

Il faut également changer notre « imaginaire social ». Faire de l'égalité des chances l'alpha et l'oméga de la justice sociale est, à mon sens, une profonde erreur. Le monde n'est pas un champ de course où il suffirait d'assurer les mêmes chances à chacun pour s'en sortir. La compétition individuelle existe, mais une société doit aussi valoriser le collectif et les solidarités. Enfin, il est urgent de relier la question écologique à la question sociale. La crise climatique et environnementale détruit notre « maison commune ». Mais on ne peut pas se sentir copropriétaire responsable si on ne vit pas dans une société unie et solidaire.

Recueilli par Antoine d'Abbundo
le 7/11/2019

« Pour dépasser la fragmentation, il faut retrouver la joie d'être ensemble »

Comment inventer des liens dans une France fracturée ? Le point de vue de Dominique Coatanéa, ancienne doyenne de la faculté de théologie de l'Université catholique de l'Ouest, intervenante aux Semaines sociales

Face à une société fracturée qui se pense de moins en moins comme un nous, l'enjeu est de retrouver la force et le désir de recréer des espaces communs. Lorsque les valeurs fondamentales – santé, travail, famille et épanouissement – sont malmenées, il appartient à la fois aux solidarités proches et aux solidarités sociales d'encadrer les vulnérabilités pour éviter la tentation d'un repli sur un espace de sécurité plus identitaire.

La pensée sociale chrétienne rappelle inlassablement que cet enjeu est fondamental. Personne ne doit être exclu du collectif que forme une commune, ou encore une ville, une nation, une entreprise, une école. Cet espace commun ne doit pas être la négation des différences, mais bien au contraire l'occasion de faire grandir la singularité de chacun au bénéfice de l'oeuvre commune. La dynamique du nous est au bénéfice de chacun, en lien avec l'épanouissement des autres. C'est l'apprentissage non de l'individualisme, mais de la singularité conjuguée avec d'autres singularités. À partir du respect fondamental de l'appartenance au collectif, chacun est partie prenante d'un projet commun porté par le désir que tous soient reconnus dans leur contribution, aussi petite soit-elle.

Pour les chrétiens, la rencontre avec le Christ permet de soutenir cette conviction. Jésus est celui qui ne cesse d'accueillir, se dessaisissant de lui-même pour aller à la rencontre de l'autre, des marges de la société, de ceux qui sont considérés comme impurs, pour guérir toutes les fractures. La vie communautaire comme l'engagement des chrétiens dans le monde sont des espaces d'expérimentation de cette marche à la suite du Christ.

Il faut ainsi sortir d'une attitude de prédation pour aller vers une attitude d'inclusion, de respect et de participation. Pour dépasser la fragmentation, il faut retrouver la joie d'être ensemble et reconnaître l'autre comme participant à la beauté et à la bonté du monde. Construire les conditions de cette participation. Pour cela, les associations, les acteurs de terrains et les politiques locaux et nationaux doivent mettre en place les cadres qui permettront l'écoute et la prise en compte de chacun.

Pour sortir des fractures, il s'agit ainsi de réentendre modestement, mais fermement, ce désir très profond de participation. Cela se voit par exemple au sein des entreprises où peuvent se développer des espaces de parole. Comme le dit le pape François à propos de la dynamique synodale, il faut diagnostiquer, accompagner, oser affronter les situations de fragilité, discerner les voies pour la croissance solidaire et fraternelle et ensuite trouver les chemins de l'intégration.

Recueilli par Xavier Le Normand
le 7/11/2019

L'histoire, les hommes, l'activité des Semaines sociales

1904-2019 : plus d'un siècle d'engagements

Les Semaines sociales de France ont été créées en 1904 par Marius Gonin et Adéodat Boissard, deux catholiques laïcs soucieux de faire connaître la pensée sociale de l'Église et d'en appliquer les enseignements à l'actualité. L'initiative prolongeait l'encyclique *Rerum novarum* (1891) du pape Léon XIII dénonçant les conditions de travail des ouvriers.

Depuis lors, les Semaines sociales n'ont cessé de se préoccuper des mutations économiques, politiques, culturelles, scientifiques et technologiques, ainsi que de leur incidence sur la société, à la lumière de la pensée sociale de l'Église et de son évolution. Elles s'expriment notamment par une session annuelle consacrée à un grand thème de réflexion : université ouverte, accueillant un public large, mais aussi itinérante, ces assemblées se déroulant au fil des ans dans des villes d'accueil différentes.

Ainsi les Semaines sociales ont-elles traité entre les deux guerres des grands problèmes sociaux, des inquiétudes de l'époque liées au maintien de la paix, à l'évolution de la démocratie. Après la seconde guerre mondiale, elles ont abordé avec une optique économique prononcée les problèmes du tiers-monde et les phénomènes de socialisation. Dans les années 2000, elles ont successivement débattu de l'évolution de la famille, de la relation entre mondialisation et nations, du rôle de l'argent, des enjeux de l'Europe, de la transmission., de « Qu'est-ce qu'une société juste ? », du développement durable et solidaire, des nouvelles solidarités, des migrants, des nouvelles formes de démocratie, du genre, du travail, des relligions et cultures, de l'éducation, etc. En 2018, les Semaines sociales de France ont souhaité prendre du recul, pour repenser à mots nouveaux les enjeux de l'association, cela a donné lieu aux Rencontres du christianismes social à Nogent-sur-Marne.

Le nouveau projet associatif des Semaines sociales de France

L'association des Semaines sociales de France n'a cessé de se renouveler pour mieux comprendre les évolutions du monde. Aujourd'hui, les crises que traversent la société et l'Église catholique, la nécessité de trouver de nouvelles formes de transmission obligent à questionner le rôle du christianisme social, le rôle des Semaines sociales. Ce qui a donné lieu à l'élaboration d'un nouveau projet associatif. Dans une société fragmentée et une Église en souffrance, l'association se veut une école du débat, un débat libre, respectueux et bienveillant, qui éclaire et permet d'avancer, en proposant un dialogue apaisé et constructif entre les chrétiens et la société, et aussi au sein de l'Église catholique elle-même. Les Semaines ont pour ambition d'être un espace, un « creuset », un terreau qui facilite l'émergence de solutions nouvelles, en réunissant des personnes et des groupes de sensibilités différentes, pour qu'elles mettent ensemble leurs expériences de terrain et leurs réflexions, afin de créer du commun et construire de la cohérence.

Les idées des Semaines sociales à l'origine de grandes réformes

Dès avant 1914, les Semaines proposaient l'assurance chômage, le développement généralisé de l'assurance-maladie, l'impôt progressif sur le revenu, l'égalité des salaires masculins et féminins, le salaire minimum garanti pour le travail à domicile, la journée de huit heures, le congé hebdomadaire généralisé du samedi après-midi, etc. Beaucoup de ces réformes n'interviendront que cinq, dix ou même cinquante ans après. En 1987, les Semaines sociales militaient pour le RMI qui dut encore attendre quelques années pour être instauré. En 2000 a été lancée, à la tribune des Semaines, l'idée d'un « statut du travailleur », pour mieux organiser le temps d'activité et de formation, et mieux gérer les transitions entre deux emplois ; en 2004, ce fut l'idée d'un service civil européen ; en 2013, à la suite du statut du travailleur fut formulée la proposition d'un « livret professionnel universel », dont une application à la formation a été votée en 2014. En se plaçant dans une vision chrétienne des problèmes sociaux, économiques et politiques de leur temps, les Semaines sociales ont, par leurs propositions, anticipé des solutions qui allaient s'imposer à plu Jean Louis Bianco s ou moins long terme dans l'évolution de la société.

De grands intervenants aux Semaines sociales

Aujourd'hui comme hier, des personnalités de haut niveau se sont régulièrement exprimées à la tribune des Semaines sociales : Sylviane Agacinski, Michel Albert, Jacques Arènes, Martine Aubry, Jacques Barrot, François Bayrou, Jean Louis Bianco, Cheikh Khaled Bentounes, Laurent Berger, Jean-Paul Betbèze, Maurice Blondel, Loïc Blondiaux, Jean Boissonnat, Michel Bon, Jean-Louis Bourlanges, Christine Boutin, Henri de Castries, Bertrand Collomb, Jean-Paul Delevoye, Jacques Delors, Jean-François Deniau, Marie Derain, Xavier Emmanuelli, Claude Evin, Véronique Fayet, Étienne Fouilloux, Geneviève Fraisse, Bruno Frappat, Franck Fregosi, Marcel Gauchet, Bronislaw Geremek, Pierre Giorgini, René Girard, Pierre-Noël Giraud, Sylvie Goulard, Samuel Grzybowski, Élisabeth Guigou, Henri Guitton, Danièle Hervieu-Léger, Martin Hirsch, Georges Hourdin, Philippe d'Iribarne, Yannick Jadot, Jacques Julliard, Jean-Claude Juncker, Alain Juppé, Julia Kristeva, Pascal Lamy, Elena Lasida, René Lenoir, Alain Lipietz, Pierre Manent, Véronique Margron, Jean-Luc Marion,

Jacques Maritain, Hervé Mariton, Jean-François Mattei, Philippe Maystadt, Dominique Méda, Francis Mer, Olivier Mongin, Nicole Notat, Asma Nouira, Christine Pedotti, Vincent Peillon, Bernard Perret, Michelle Perrot, François Perroux, Jean-Marie Petitclerc, Jean-Philippe Pierron, Romano Prodi, Viviane Reding, René Rémond, Cécile Renouard, Paul Ricoeur, Michel Rocard, Robert Rochefort, Benoît Roger-Vasselin, Pierre Rosanvallon, Geoffroy Roux de Bézieux, Joseph Rovan, Albert du Roy, Nathalie Sarthou-Lajus, Frédéric Saint-Geours, Nicolas Sarkozy, Bernard Stasi, Nicholas Stern, Dominique Strauss-Kahn, Claude Thélot, Paul Thibaud, Marisol Touraine, Paul Valadier, Laurent Villemin, François Villeroy de Galhau, Vaira Vike-Freiberga, Patrick Viveret.

Les instances et l'organisation des Semaines sociales de France aujourd'hui

Le conseil d'administration choisit le thème des réflexions et assure le déroulement des rencontres. Pour faire ce travail, il s'entoure de commissions spécialisées, composées de membres du conseil, des responsables des antennes régionales des Semaines sociales de France et de personnes ayant une expertise en lien avec le thème abordé issues des associations et mouvements partenaires. Tous les membres de ces instances sont bénévoles.

Le conseil s'appuie sur une équipe de permanents, constituée de Frédéric Rochet, Camille Perrier et Jocelyne Jenot.

Membres du conseil d'administration

Dominique Quinio (présidente), Bernard Chenevez (secrétaire général), Loïc Armand (trésorier), Antoine Arjakovsky, Catherine Belzung, Marianne de Boisredon, Laurent de Mautort, Arnaud Broustet, Marie-Charlotte Fauduet, Elena Lasida, Pierre-Yves Le Priol, Guillaume Légaut, Patricia Lormeau, Paul Malartre, Mathieu Monconduit, Didier Ovigneur, Anne-Sophie de Quercize, Marcel Rémon, Valérie Régnier, Philippe Segretain, Marie Noëlle Sicard, Geoffroy de Vienne, Marcela Villalobos Cid, Denis Vinckier, Eric Wendling.

Présidents d'honneur

Michel Camdessus, Jérôme Vignon.

L'ancrage de proximité des Semaines sociales de France

Depuis des décennies, les Semaines sociales sont attachées à l'existence d'une réflexion de proximité, en lien avec la variété des territoires. À cette fin, elles s'appuient aujourd'hui sur un réseau de vingt-cinq « antennes régionales », associations de laïcs qui, dans plusieurs villes de France, s'inspirent des mêmes valeurs sociales chrétiennes, du même goût de l'engagement et de la même méthode d'organisation de débats ouverts à toutes les sensibilités, sur des thèmes d'actualité, qu'ils soient politiques, économiques, sociaux, scientifiques ou culturels.

La démarche européenne des Semaines sociales de France

Au cours des années 90, les Semaines sociales de France ont pris acte du fait que les problèmes de société ne pouvaient désormais être étudiés et débattus qu'en les situant dans le contexte européen. Des contacts ont été établis avec différents acteurs européens proches de l'esprit des Semaines sociales de France. Cette action de longue haleine s'est manifestée en 2004 par la présence de 1 000 participants européens à la Semaine sociale du centenaire. Le réseau s'est structuré et s'est donné un nom « IXE » (Initiatives de chrétiens pour l'Europe). Il rassemble près d'une vingtaine de structures en Europe de l'Ouest et de l'Est et prend position sur divers sujets. Par ailleurs, la formule des Semaines sociales semble séduire puisque plusieurs pays organisent une Semaine sociale.

Renseignements
Semaines sociales de France
18 rue Barbès 92128 Montrouge Cedex
Tél. +33 (0)1 74 31 69 00
Fax +33 (0) 1 74 31 60 99
Mail : communication@ssf-fr.org
Sites : www.ssf-fr.org

Les sessions des Semaines sociales de France

Iʳᵉ session - Lyon - 1904
    Une semaine sociale : cours de doctrines et de pratiques sociales
IIᵉ session - Orléans - 1905
IIIᵉ session - Dijon - 1906
IVᵉ session - Amiens - 1907
Vᵉ session - Marseille - 1908
VIᵉ session - Bordeaux - 1909
VIIᵉ session - Rouen - 1910
VIIIᵉ session - Saint-Étienne - 1911
IXᵉ session - Limoges - 1912
Xᵉ session - Versailles - 1913
XIᵉ session - Metz - 1919
    Principes et action du catholicisme social
XIIᵉ session - Caen - 1920
    La crise de la production et la sociologie économique
XIIIᵉ session - Toulouse - 1921
    La crise de la probité publique et le désordre économique
XIVᵉ session - Strasbourg - 1922
    Le rôle économique de l'état
XVᵉ session - Grenoble - 1923
    Le problème de la population
XVIᵉ session - Rennes - 1924
    Le problème de la terre dans l'économie nationale
XVIIᵉ session - Lyon - 1925
    La crise de l'autorité
XVIIIᵉ session - Le Havre - 1926
    Le problème de la vie intellectuelle
XIXᵉ session - Nancy - 1927
    La femme dans la société
XXᵉ session - Paris - 1928
    La loi de charité, principe de vie sociale
XXIᵉ session - Besançon - 1929
    Les nouvelles conditions de la vie industrielle
XXIIᵉ session - Marseille - 1930
    Le problème social aux colonies
XXIIIᵉ session - Mulhouse - 1931
    La morale chrétienne et les affaires
XXIVᵉ session - Lille - 1932
    Le désordre de l'économie internationale et la pensée chrétienne

XXVe session - Reims - 1933
La société politique et la pensée chrétienne
XXVIe session - Nice - 1934
Ordre social et éducation
XXVIIe session - Angers - 1935
L'organisation coopérative
XXVIIIe session - Versailles - 1936
Les conflits de civilisation
XXIXe session - Clermont-Ferrand - 1937
La personne humaine en péril
XXXe session - Rouen - 1938
La liberté et les libertés dans la vie sociale
XXXIe session - Bordeaux - 1939
**Le problème des classes dans la communauté nationale
et dans l'ordre humain**
XXXIIe session - Toulouse - 1945
Transformation sociale et libération de la personne
XXXIIIe session - Strasbourg - 1946
La communauté nationale
XXXIVe session - Paris - 1947
Le catholicisme face aux grands courants contemporains
XXXVe session - Lyon - 1948
Peuples d'outre-mer et civilisation occidentale
XXXVIe session - Lille - 1949
Réalisation économique et progrès social
XXXVIIe session - Nantes - 1950
Le monde rural dans l'économie moderne
XXXVIIIe session - Montpellier - 1951
**Santé et société. Les découvertes biologiques et la médecine
au service de l'homme**
XXXIXe session - Dijon - 1952
Richesse et misère, croissance et répartition du revenu national
XLe session - Pau - 1953
Guerre et paix. De la coexistence des blocs à une communauté internationale
XLIe session - Rennes - 1954
Crise du pouvoir et crise du civisme
XLIIe session - Nancy - 1955
Les techniques de diffusion dans la civilisation contemporaine
XLIIIe session - Marseille - 1956
Les exigences humaines et l'expansion économique
XLIVe session - Bordeaux - 1957
Familles d'aujourd'hui
XLVe session - Versailles - 1958
L'enseignement, problème social

XLVIe session - Angers - 1959
   La montée des peuples dans la communauté humaine
XLVIIe session - Grenoble - 1960
   Socialisation et personne humaine
XLVIIIe session - Reims - 1961
   L'europe des personnes et des peuples
XLIXe session - Strasbourg - 1962
   La montée des jeunes dans la communauté des générations
Le session - Caen - 1963
   La société démocratique
LIe session - Lyon - 1964
   Le travail et les travailleurs dans la société contemporaine
LIIe session - Brest - 1965
   L'homme et la révolution urbaine
LIIIe session - Nice - 1966
   L'opinion publique
LIVe session - Nantes - 1967
   Le développement, la justice et la paix
LVe session - Orléans - 1968
   L'homme dans la société en mutation
LVIe session - Lille - 1969
   Quelle économie ? Quelle société ?
LVIIe session - Dijon - 1970
   Les pauvres dans les sociétés riches
LVIIIe session - Rennes - 1971
   Contradictions et conflits. Naissance d'une société
LIXe session - Metz - 1972
   Couples et familles dans la société d'aujourd'hui
LXe session - Lyon - 1973
   Chrétiens et églises dans la vie politique

À compter de 1976, des Actes des sessions sont édités.
LXIe session - Paris - 1976
   Travail, inégalité et changement social
   Éditions Desclée de Brouwer, Paris.
LXIIIe session - Colmar - 1980
   Santé et société
   Éditions du Centurion, Paris.
LXIVe session - Lille - 1982
   Quel travail social pour notre temps ?
   Éditions ESF, Paris.
LXVe session - Bordeaux - 1986
   La justice dans la vie des hommes d'aujourd'hui
   Éditions ESF, Paris.

LXVIe session - Paris - Saint-Denis - 1987
Travail et emploi ; problème de société et problème de l'homme
Éditions ESF, Paris.
LXVIIe session - Paris - Saint-Denis - 1989
Les défis de la formation. quelle personne ? Pour quelle société ?
Éditions ESF, Paris.
LXVIIIe session - Paris - Issy-les-Moulineaux - 1991
Concurrence et solidarité : l'économie de marché, jusqu'où ?
Éditions ESF, Paris.
LXIXe session - Paris - Issy-les-Moulineaux - 1993
Les médias et nous. Quels pouvoirs ? quelles libertés ?
Éditions ESF, Paris.
LXXe session - Paris - Issy-les-Moulineaux - 1995
Une idée neuve : la famille, lieu d'amour et lien social
Bayard Éditions, Paris.
LXXIe session - Paris - Issy-les-Moulineaux - 1996
Entre mondialisation et nations, quelle europe ?
Bayard Éditions, Paris.
LXXIIe session - Paris - Issy-les-Moulineaux - 1997
L'immigration, défis et richesses
Bayard Éditions, Paris.
LXXIIIe session - Paris - Issy-les-Moulineaux - 1998
Démocratiser la république, représentation et participation du citoyen
Bayard Éditions, Paris.
LXXIVe session - Paris - 1999
D'un siècle à l'autre : l'évangile, les chrétiens et les enjeux de société
Bayard Éditions, Paris.
LXXVe session - Paris - 2000
Travailler et vivre
Bayard Éditions, Paris.
LXXVIe session - Issy-les-Moulineaux - 2001
Biologie, médecine et société. que ferons-nous de l'homme ?
Bayard Éditions, Paris.
LXXVIIe session - Paris - 2002
La violence. Comment vivre ensemble ?
Bayard Éditions, Paris.
LXXVIIIe session - Paris - 2003
L'argent
Bayard Éditions, Paris.
LXXIXe session - Lille - 2004
L'Europe. Une société à inventer
Bayard Éditions, Paris.
LXXXe session - Paris - 2005
Transmettre. Partager des valeurs, susciter des libertés

Bayard Éditions, Paris.
LXXXIe session - Paris - 2006
Qu'est-ce qu'une société juste ?
Bayard Éditions, Paris.
LXXXIIe session - Paris - 2007
Vivre autrement. Pour un développement durable et solidaire
Bayard Éditions, Paris.
LXXXIIIe session - Lyon - 2008
Les religions, menace ou espoir pour nos sociétés ?
Bayard Éditions, Paris.
LXXXIVe session - Villepinte - 2009
Nouvelles solidarités, nouvelle société
Bayard Éditions, Montrouge.
LXXXVe session - Paris - 2010
Migrants, un avenir à construire ensemble
Bayard Éditions, Montrouge.
LXXXVIe session - Paris - 2011
La démocratie, une idée neuve
Bayard Éditions, Montrouge.
LXXXVIIe session - Paris - 2012
Hommes et femmes, la nouvelle donne
Bayard Éditions, Montrouge.
LXXXVIIIe session - Paris, Lyon, Strasbourg - 2013
Réinventer le travail
Bayard Éditions, Montrouge.
LXXXIXe session - Lille - 2014
L'homme et les technosciences, le défi
Books on demand.
LXXXXe session - Paris - 2015
Religions et cultures, ressources pour imaginer le monde
Books on demand.
LXXXXIe session - Paris - 2016
Ensemble, l'éducation
Books on demand.
LXXXXIIe session - Paris - 2017
Quelle Europe voulons-nous ?
Books on demand.

Les ateliers

Des ateliers pour explorer, approfondir et comprendre une fracture sociale. Expérimenter le débat. Identifier des leviers de transformation.

A1 – Avec la participation des plus pauvres, améliorer l'analyse et le diagnostic des fractures sociales ? – animé par ATD Quart Monde

A2 – Jeunes défavorisés et réussite professionnelle : des liens à (re)tisser – animé par AJIR

A3 – Numérique… une société rassemblée ou fracturée ? – animé par le CEAS du Valenciennois

A4 – Le genre : une clé pour comprendre les relations hommes/femmes ? – animé par le CERAS

A5 – Migrants en gens d'ici : ce que nous avons en commun pour refaire société – animé par les Semaines sociales de France et le CERAS

A6 – L'Église de France, elle aussi, traversée de divisions – animé par *La Croix*

A7 – Comment comprendre et analyser les fractures à l'échelle d'une métropole : l'exemple de Lille – animé par le diocèse de Lille

A8 – Votre entreprise est-elle réellement inclusive ? – animé par les Entrepreneurs et dirigeants chrétiens et l'antenne d'Angers des Semaines sociales

A9 – La privation d'emploi chez les jeunes des milieux ouvriers et des quartiers populaires : mythes et réalité – animé par la Jeunesse ouvrière chrétienne de France

A10 – Quelles alternatives durables à l'appauvrissement du lien social dans le monde rural ? – animé par Limite

A11 – Premiers de cordée, derniers de cordée : un monde du travail fracturé ? – animé par la Mission Ouvrière

A12 – Miroir de la société, comment le scoutisme est-il un laboratoire du vivre ensemble ? – animé par les Scouts et Guides de France

A13 – Pourquoi avons besoin d'une protection sociale pour vivre ensemble aujourd'hui ? – animé par le Secours catholique en lien avec le Collectif pour une protection sociale solidaire

A14 – L'accès aux soins pour tous: utopie ou réalité ? – animé par le groupe santé et bioéthique des Semaines sociales de France

A15 – Comment comprendre la disparition du lien social dans les quartiers sensibles ? – animé par l'antenne de Bretagne des Semaines sociales

A16 – Emploi et cohésion sociale : est-ce dissociable ? – animé par les Semaines sociales des Alpes Maritimes

A17 – Paris, la ville des gens aisés ? – animé par l'antenne de Paris des Semaines sociales

A18 – S'engager aujourd'hui, au nom de quoi ? De l'envie d'agir à la raison d'agir – animé par l'antenne des Semaines sociales de Toulouse

A19 – De quels lieux avons-nous besoin pour inventer de nouveaux liens ? – animé par l'Université catholique de Lille

A20 – Quand l'éducation contribue à creuser les fractures qu'elle devrait réduire – animé par Vers le haut

A21 – L'espace urbain peut-il encore rassembler ? – animé par Ville ouverte et Habitat et humanisme

Atelier A22 – Comment les médias peuvent aider à refaire société ? – animé par la Voix du Nord

Les tables inspirantes du lien social

Des témoignages inspirants pour réfléchir ensemble à des pistes d'actions nouvelles.

T 1 – Association Lien Plus : faciliter la mobilité en milieu rural – Xavier Bonvoisin

T2 – Choeur de femmes : créer du lien entre les femmes de Roubaix et d'ailleurs – Sabine Brunaux

T3 – L'énergie des possibles : créer une communauté pour répondre ensemble au défi de la précarité énergétique –Arthur Chammas et Tanamiranga

T4 – ABEJ : repenser le travail social et ses dispositifs afin de refaire société avec les personnes les plus en marge – Vincent de Coninck

T5 – Le Campus de la Transition : expérimenter et transmettre de nouveaux modes de vie conciliant écologie et justice sociale – Pierre Jean Cottalorda

T6 – Le Comptoir de Cana, un tiers-lieu solidaire en cœur de ville – Chris Delepierre

T7 – Derrière les cantines de quartier, un vrai projet de société – Ariane Derville

T8 – Habitat et Humanisme : l'habitat partagé comme alternative à l'hôpital – Bernard Devert

T9 – Les concerts de poche : recréer du lien grâce à la culture – Marion Dumoulin

T10 – Blancheporte : le sens et la confiance pour transformer l'entreprise ? – Franck Duriez

T11 – Les Écoles de Production ou comment « raccrocher » des adolescents grâce à un parcours de formation diplômant et la mobilisation de tout un territoire – Pierre Dusart

T12 – Ensovo : la mise en mouvements et en relations par l'activité économique – Marc Fleuroux

T13 – Handissimo, réseau de solutions et d'entraide pour les parents touchés par le handicap d'un enfant – Ségolène Frandon

T14 – Le Dorothy : un café-atelier associatif chrétien dans la ville pour répondre au besoin de « communauté » – Foucauld Giuliani

T15 – Travail soigné ? Acteurs du soin en première ligne des fractures sociales – Stéphane Haar

T16 – Au Centre spirituel du Hautmont, le lien social au cœur de la transformation écologique – Aude Kempf

T17 – Fondation Abbé Pierre : retrouver une place grâce au logement – Stéphanie Lamarche-Palmier

T18 – Association Générations et Cultures : la cohabitation intergénérationnelle solidaire ou comment partager plus qu'un toit pour tisser du lien fraternel durable entre les générations ? – Anne-Sophie Lapalus

T19 – Association Générations et Cultures : construire un projet intergénérationnel au sein de structures d'hébergement collectif – Anne-Sophie Lapalus

T20 – Un potager participatif pour cultiver le vivre ensemble – Claire Lepoutre

T21 – Agir en Weppes : une démarche individuelle d'accueil qui a donné des fruits – Néry Leprince-Ringuet

T22 – Association Simon de Cyrène : comment apporter plus de vie aux personnes handicapées et comment celles-ci nous ressourcent en donnant sens à notre vie ! – Vincent Leurent

T23 – Valdocco : oser la rencontre qui transforme ! – Anne-Flore Magnan

T24 – Territoires zéro chômeur : quand tout un territoire se met en coopération pour créer avec les personnes privées d'emploi – Ghislain de Muynck et Roselyne Swaertvaeger

T25 – Les Voisins du quai : vivre en habitat participatif – Myriam Pennequin et Sophie Vanderdope

T26 – Habitat et Humanisme : des « escales solidaires » pour briser l'isolement – Christophe Perrin

T27 – Le choix de l'école : tout lâcher pour devenir professeur en éducation prioritaire – Louise Rochet et Damien Baldin

T28 – Le Peuvil en transition : comment rendre son quartier durable et convivial ? – Jean-Paul Sergent

T29 – Parents Solos et Compagnie : rompre l'isolement des familles monoparentales – Laure Skoutelsky

T30 – Humanicité, une autre ville est-elle possible ? – Stéphane Soyez

T31 – La Cloche à Biscuits, un atelier de cuisine inclusif – Martin Ver Eecke

T32 – Le Carillon, un réseau de commerçants solidaires – Martin Ver Eecke

T33 – ABEJ : séjour de rue'pture ou comment recréer du lien… par le voyage ! – Marine Vidil

T34 – Comment concilier consommation, lien social et solidarité ? L'exemple de Tipimi – Sébastien Libart

Index des intervenants

Une fresque musicale et théâtrale, *EnVie*, nous a été présentée à l'issu de la première journée. Un spectacle pensé, écrit et interprété par les membres de la communauté Magdala qui accueille et accompagne des personnes ayant l'expérience de la précarité.

Les « notes visuelles » du dessinateur Emmanuel de Crouy-Chanel nous ont accompagné pendant ces deux journées.

Présidents de séance

Benoît Ménard, responsable de l'antenne de Seine-St-Denis

Marianne de Boisredon, administratrice des Semaines sociales de France

Guillaume Goubert, directeur de *La Croix*

Table des matières

Édition : BoD - Books on Demand,
12/14 rond-point des Champs Élysées, 75008 Paris

Impression : BoD - Books on Demand GmbH, Norderstedt, Allemagne
ISBN 9782322202188 – dépôt légal : 2020
création graphique de la session 2019 : Aurélie Le Blond